黄河300问

主　编　朱兰琴
副主编　魏世祥　许立新

黄河水利出版社

图书在版编目(CIP)数据

黄河300问/朱兰琴主编.—郑州:黄河水利出版社,1998.6 (2014.5 重印)
(中国江河百问系列丛书)
ISBN 978-7-80621-227-2

Ⅰ.黄… Ⅱ.朱… Ⅲ.黄河-基本知识-问答
Ⅳ.K928.42

中国版本图书馆CIP数据核字(1999)第37655号

中国江河百问系列丛书总策划: 骆向新 张保印

出 版 社:黄河水利出版社
地址:河南省郑州市顺河路黄委会综合楼14层 邮政编码:450003
发行单位:黄河水利出版社
发行部电话:0371-66026940、66020550、66028024、66022620(传真)
E-mail:hhslcbs@126.com
承印单位:河南地质彩色印刷厂
开本:850mm×1 168mm 1/32
印张:6
字数:150千字 印数:28 401—33 400
版次:1998年6月第1版 印次:2014年5月第4次印刷
2009年5月第2版

定价:15.00元

序

在中国九百六十万平方公里的土地上，没有哪条河流像黄河那样与中华民族有着极为深厚的联系；没有哪一种自然力量像黄河，对塑造华夏文明起着无法估量的作用。据考古发现，早在180万年前，我们的祖先就生活在山西芮城西侯度这片土地上。之后，从“蓝田人”到“大荔人”，从“丁村人”到“河套人”，无一不在黄河的怀抱里生息、繁衍。分布在黄土高原和华北平原的仰韶文化、马家窑文化、大汶口文化、龙山文化、齐家文化，又无一不是在黄河的摇篮里成长演进，走向文明。夏、商、周、秦、汉、唐、北宋……一代代王朝在这里立朝建都、浮沉起落，演绎出许许多多的惊心动魄威武壮观的历史活剧。

在炎黄子孙的心目中，黄河已不仅仅是一条河，而是一个伟大的生命、不朽的魂灵。黄河已经溶入每一个炎黄子孙的血脉之中，成为我们民族精神的一部分。我们不会忘记，在日本侵略者的铁蹄践踏下的中国，一声“保卫黄河”的吼声曾激励过多少中华儿女奔赴抗日战场。一代伟人毛泽东曾说过：“你们可以藐视一切，但是不能藐视黄河，藐视黄河，就是藐视我们这个民族。”

面对母亲河，我们对她的辉煌而苦难的历史、沉重而丰富的内涵究竟知道多少？对黄河的过去、现在了解多少？最近，163位中国科学院和工程院的院士们又联名发出了“行动起来，拯救黄河”的呼吁，这不仅更加引发起我们去认识母亲河的激情和热望，也是让我们更加关注黄河、热爱黄河的呼唤！

在这种情况下，黄河水利出版社出版《黄河300问》一书，无疑是很适时和有意义的。《黄河300问》以通俗易懂的问答形式，从自然地理、历史文化、社会经济、治理开发等方面全面地介绍了黄河的有关知识，它从一个个侧面、一个个视点，让你领略一条伟大的大河、古老的大河、神奇的大河、凝重的大河的风姿、品格、忧患和问题。它既具有科学性、知识性，读起来又很有趣味。《黄河300问》不仅会帮助社会各界和关心黄河的人士去了解黄河、认识黄河，同时也是对青少年进行民族文化、民族精神以及国情教育的好教材。

黄河是我们的母亲，是民族的摇篮。希望有更多反映母亲河的好书问世！期望有更多的朋友去关心母亲河，热爱母亲河，并通过我们共同的努力，让伟大的母亲河永放异彩！

鄂竟平

1998年5月

前言

黄河,是我们的母亲河!是古黄河的丰美乳汁,哺育了我们的先民们,直立于天地之间;是黄河养育的这片肥沃土地,孕育了我们民族的原始文化与历史文明。她是一条河——上下百万年,“东西贯九州,南北串百川”;她又不仅仅是一条河——坚忍不拔、百折不挠、自强不息,她铸造着一种精神,是凝聚我们民族的魂灵。面对这条伟大的神奇的生命之河,对她的历史和现在,对她的欢乐和苦难,对她给予我们的恩泽和带给我们的忧患,我们究竟知道多少?了解多少?

1998年1月,中国科学院和中国工程院163位院士面对黄河的年年断流,联名签署了一份呼吁书:“行动起来,拯救黄河”。163位院士联合行动,这不谓绝后但却是空前的呼吁与呐喊,震撼着我们,感染着我们!促使我们把一直想出版一本有关黄河普及知识读物的想法迅即付诸行动,赶写了这本《黄河300问》,是对母亲河的感情使然,也是作为出版兼治黄工作者的我们对163位院士的响应。

《黄河300问》是在很短的时间内完成的。而黄河是一个多么漫长的历史画卷,有着多么博大精深、蔚为壮观的文化内涵!所以,这本书,仅仅是初识黄河的“普及读本”,期望通过这一问一答的直白,向关心黄河的青少年、广大读者，提供一些了解母亲河的知识，引发认识母亲河的情趣。全书由自然地理篇、历史文化篇、社会经济篇、治理开发篇四部分共300题组成。在编写过程中，参考了《黄河文化》等十数种文献与专著。

需要说明的是，在这本书中，我们把黄河作为一个地域概念，而超出科学定义上的“流域”的界限，如，包容了下游河南、山东及沿黄部分省区不在“流域”之内的一些内容，这是因为，实际上，黄河在创建我们民族文化的过程中，直至对现代经济发展的影响，水资源及她的自然灾害所惠及、波及的范围等等，已远远超出“流域”本身，而是涵盖沿黄两岸的一个广阔地带。

本书由朱兰琴主编，参加编写的还有许立新、王继和、王梅枝、袁克伦、韩美琴、魏世祥。中国科学院吴传钧院士，黄河水利委员会温存德、杨国顺先生，对本书的初稿提出许多宝贵意见。黄河水利委员会主任鄂竟平特为本书作序。

在此，向本书主要参考文献中所列出的那些专著的作者、编者和出版社，向为出版这本书提出宝贵意见，做出诸多工作的专家和朋友们，致以衷心的感谢。

由于成书仓促和水平所限，难免有错误和疏忽之处，敬请批评指正。

编者

1998年5月

目录

自然地理篇

历史文化篇

社会经济篇

治理开发篇

黄河300问

自然地理篇

❶黄河有多长？它流经几个省区？

黄河全长 5 464 公里，其长度在我国各大江河中仅次于长江。黄河从源头东流，经青海、四川、甘肃、宁夏、内蒙古、山西、陕西、河南、山东等九个省区，在山东省垦利县注入渤海。

❷黄河流域的面积有多大？

由地面径流分水线所包围的集水区域叫流域。黄河流域位于北纬 32°至 42°，东经 96°至 119°之间，西起巴颜喀拉山，东临渤海，北界阴山，南至秦岭，东西长约 1 900 公里，南北宽约 1 100 公里，流域面积为 75.2 万平方公里，大约相当于三个英国的国土面积。若包括鄂尔多斯内流区面积，则为 79.4 万平方公里。黄河的河段长和流域面积，因泥沙淤积，河口延伸而处于不断变化之中。

❸通常说黄河流域的地势呈“三级阶梯”，是哪三个阶梯？

黄河流域的地势从西到东呈三级阶梯逐级下降。

最高一级阶梯是流域西部的青海高原，位于著名的“世界屋脊”——青藏高原的东北部，平均海拔 4 000 米以上。

第二级阶梯大致以太行山为东界，海拔 1 000 米～2 000 米。包括河套平原、鄂尔多斯高原、黄土高原和渭汾盆地等较大的地貌单元。

第三级阶梯自太行山系以东直至滨海，由黄河下游冲积平原和鲁中丘陵组成。海拔高程一般在 100 米以下。

❹黄河的年龄有多大？

据地质学家考证，在距今 6 000 万年至 240 万年这段时间里，在“黄河流域”这一地区（当时还没有黄河），发生了强烈的地质运动，区域地壳遭到破坏，被切割成若干大小不等的地质块体。这些块体有的抬升，有的下沉。抬升者成为山脉，后来多被风化剥蚀，逐渐夷平而成为高原；下沉者则贮水成湖，如华北、汾渭、河套、银川等沉降盆地陷落成湖。随后的 90 万年里，这一地区发生了两次规模较大的冰川活动，气候寒冷、干旱，大湖逐步萎缩、分割，全区出现若干大型湖盆及不计其数的小型湖泊与湿地。这些古湖盆成为当地的地表水汇集区，并发育成各自独立的内陆湖水系。古黄河就是在这些独立的内陆湖盆水系的基础上逐步演变而成的。

距今 150 万年至 120 万年这段时间里,这一地区气候转暖,降水充沛,加上中西部高原处于上升阶段,流水下切侵蚀作用加剧。于是,横亘于湖盆间的山地先后被切开。这样,各个封闭的湖盆有了出口,从西到东被串了起来,原始古黄河由此而诞生了。此时的黄河还是一个内陆河,它就像一个巨大的串珠,由峡谷河道串联起众多的湖泊,最东端为浩瀚的三门湖。

从以上的描述看,黄河的年龄大约是 120 万岁以上吧！

❺黄河有众多的支流,你知道流域面积大于 1 000 平方公里的有多少条？你能说出其中 10 条大支流的名称吗？

黄河从源头的涓涓细流,沿途汇入众多支流,其中流域面积大于 1 000 平方公里的一级支流有 76 条。其中,渭河、汾河、湟水、无定河、洮河、洛河、大黑河、清水河、沁河、祖厉河等都是流域面积大于 10 000 平方公里的较大的支流。在这 76 条较大支流中,上游河源至河口镇干流段汇入的有 43 条,而下游桃花峪以下汇入的较大支流仅有大汶河等 3 条。

❻黄河一般分为上、中、下游，它们分别从哪里到哪里，长度各是多少？

黄河干流的分段是研究黄河、认识黄河的重要内容之一。河段划分因素很多，一般有区域地质环境、河谷地貌特征、水资源条件、流域社会状况、治理开发要求等。现在黄河干流上、中、下游三个河段的分段，就是在综合各种因素的基础上，根据黄河的特性提出来的。

从河源到内蒙古自治区托克托县的河口镇，是黄河的上游，这一段河长 3 472 公里；从河口镇到河南郑州的桃花峪是黄河的中游，全长 1 206 公里；桃花峪以下是黄河的下游，全长约 786 公里。

❼你能简述一下黄河的上、中、下游在治理黄河中的重点吗？

黄河上、中、下游由于其自然特点的不同，在黄河治理开发中各有其侧重点。

黄河上、中、下游都有洪水灾害，但下游是一条地上悬河，洪水灾害最为严重，是举世闻名的。因此，下游防洪是治理黄河的首要任务。

黄河中游流经黄土高原，黄土高原地区由于严重的水土流失，生态环境脆弱，是该地区生产落后和人民生活贫困的根源，也是黄河下游洪水泛滥成灾、难以治理的症结。因此，在中游地区要大力开展水土保持工作，把宝贵的水和肥沃的土拦蓄在当地，发展生产，提高人民生活水平，减少入黄泥沙。

黄河流域的水力资源丰富，主要集中在上、中游河段，尤以上游的野狐峡至青铜峡河段最为富集（理论蕴藏量占干流河段的

39%)，而且含沙量小，开发条件优越。因此，黄河上游的水电资源开发是其治理开发的重点。目前黄河干流上已建成的7座大中型水电站中有5座在上游。

❽黄河发源于哪里？

黄河发源于青藏高原巴颜喀拉山北麓海拔4 500米的约古宗列盆地。这里有众多的小湖泊和涌泉，股股清流汇合在一起，逐渐形成一条蜿蜒的小河，称做玛曲。

黄河发源在哪里？历史上有多种说法。《山海经》中记载："昆仑之丘……河水出焉。"但"昆仑"在哪里，当时并不清楚，不过"河出昆仑"却长期被人们深信不疑。李白就曾有"黄河西来决昆仑，咆哮万里触龙门"的诗句。

以探寻河源为目的的实地考察，始于元代。公元1280年11月4日，元世祖忽必烈派都实带领一队人马到黄河源进行正式勘察和研究。都实一行经过几个月的跋涉，到达了星宿海，认为这里就是黄河之源。后来，清朝的康熙皇帝也派人考察河源，他们也只到了星宿海，虽已发现星宿海的水还有三条河作为上源，但未追到源头。直到康熙末年组织全面性的地形测量，才把星宿海以上的河源也勘查、绘制出来。这三条河分别叫卡日曲、玛曲(约古宗列曲)和扎曲，究竟将哪一条河流认定为黄河的正源，至今还是一个有争议的问题。北边的扎曲水量小，没有人认为它是黄河的正源，争议主要在玛曲和卡日曲之间。

1952年，黄河水利委员会组织黄河河源查勘队，进行了黄河河源及从通天河调水入黄可能性的查勘，历时4个月，查考历史文献，访问当地牧民，并实地测量，确认历史上所指的玛曲是黄河正源。1978年黄河水利委员会南水北调查勘队、南京地理研究所和南京大学地理系湖泊查勘队，再次对河源地区进行调查研究。与此同时，青海省人民政府和青海省军区邀请有关单位组成考察组，进行了为时1个月的考察，提出卡日曲作为河源的建议。1985年黄河水利委员会根据历史传统和各家意见，确认玛曲为黄河正源，并在约古宗列盆地西南隅的玛曲曲果，东经95°59′24″、北纬35°01′18″处，树立了河源标志。

不论黄河的正源是玛曲，还是卡日曲，三条河所处的位于青海省巴颜喀拉山北麓、被称为约古宗列的盆地，已是大家共认的黄河发源地。这个盆地海拔约4 400米，面积约150平方公里。

❾你知道黄河源区的两个淡水“姊妹湖”吗？湖水的颜色和水深各有什么不同？

扎陵湖与鄂陵湖位于黄河源区的青海省玛多县境，系高原淡水湖泊。鄂陵湖在东，扎陵湖在西。两湖中间，有巴颜朗马山相隔，黄河以20公里的水道将两湖连在一起，像孪生的姊妹。在藏语中“扎陵”表示白色；“鄂陵”表示青色，看上去也确实有灰白、青蓝之别。

扎陵湖水浅，平均水深只有9米，最大水深13.1米。黄河从西南入湖，将泥沙带入，每当刮风时，风浪使沙粒泛起，南面的湖水便成了灰白色；而鄂陵湖水比较深，平均水深约17.6米，最大水深达30.7米，进湖泥沙也少，湖水呈青蓝色。两湖的水面面积，扎陵湖为526平方公里，鄂陵湖的面积为610平方公里，面积虽不算太大，但两湖的水面高度却达海拔4 200米左右。在《吉尼斯世界纪录大全》中被称为世界最高的湖——南美的喀喀湖，仅就高度而言，也要比这对“姊妹湖”低300多米呢！

在这姊妹湖中还有供鸟群栖息的“鸟岛”。有大雁、棕颈鸥、鱼鸥、赤麻鸭等候鸟20多种。有时群鸟齐飞，遮天蔽日，鸣叫声数里之外可闻。

⑩黄河的泥沙有多少？为什么说“跳进黄河洗不清”？

黄河以泥沙多而闻名于世。在我国古籍中常以“黄水一石，含泥六斗”，“黄河斗水，泥居其七”等来描述黄河的多沙状况。据统计，黄河下游多年平均输沙量为16亿吨，平均含沙量约为每立方米35公斤。其沙量之多、含沙量之高，在世界江河中是绝无仅有的。如果把16亿吨泥沙堆成高、宽各1米的土堤，其长度为地球到月球距离的3倍，可以绕地球赤道27圈。

“跳进黄河洗不清”的说法，也就是由形容黄河泥沙多而来的。同时，黄河泥沙颗粒很细，有时河水甚至呈泥浆状态，沾在身体上还真不易洗净呢！

⑪是谁给黄河染上了颜色？

黄河在它的中、上游流经世界上最大的黄土高原。黄土高原土层深厚，土质疏松，地形破碎，暴雨频繁，水土流失极为严重，是黄河泥沙的主要来源地。尤其是黄河河口镇至潼关这一河段，黄河在穿越这一段黄土高原的过程中，众多支流汇入，把黄河“染成”了黄色。据测定，这一河段进入黄河的泥沙占全河沙量的90％。

⑫黄河中、上游的黄土高原范围有多大？为什么说它是世界上最大的黄土高原？

从地球上来看，黄土主要分布于中亚到我国的西北、华北和东北一带，世界上最大的黄土高原就是位于黄河上中游地区的黄土高原。它的范围大致是北起阴山，南至秦岭，西抵日月山，东到太行山，横跨青海、宁夏、甘肃、陕西、山西、河南6省，面积64万平方公里。黄土覆盖厚度一般在100米以下，而以陇东、陕北、晋西黄土层最厚，六盘山以东到吕梁山西侧，黄土厚度在100米～200米之间，最厚在兰州，达300米以上。黄土分布的面积和厚度，都居世界之冠。

⑬黄土高原是大风吹来的吗？

近百年来，中外学者一直在探讨黄土的形成原因，众说纷纭，莫衷一是，立论达几十种。概括起来，有风成、水成及风化残积成土三大类。不少学者认为，黄土高原的形成过程，主要是经过风力的搬运和堆积作用后，再经受水流等其他外力作用的改造，形成了大量的不同种类的黄土，逐步堆积成现在的黄土高原。

在黄土高原的西北面是广阔的亚洲内陆，这里有寸草不生的戈壁，有流沙滚滚的腾格里沙漠、乌兰布和沙漠和鄂尔多斯高原的毛乌素沙地等。这些沙石分布的不毛之地，温差较大，大的岩石在热胀冷缩作用下，先是由大块崩解成小块，由小块再变成粉末，长年累月之后，遍地散布着粗细不分的岩石碎屑，这就是黄土高原的物质来源。强烈的西北气流，将亚洲干旱内陆岩屑物质夹带运移，粗粒的重量大，掉在戈壁东南外围而成沙漠、沙地；细粒的重量小，被夹带落在沙地的东南地区，即黄土高原。

⑭“九曲黄河”的说法是怎么来的？

黄河干流素有“九曲黄河”之称。“九”在古代是形容多的意思,说明黄河弯曲很多。黄河自河源至河口,有许多大的弯曲,黄河干流主要大湾有6个,其中180度的大湾3个,90度的大湾2个,45度的大湾1个,小的弯曲则很多了。而黄河总的走势又构成一个大"几"字形,总的流向仍然是自西向东,实际流程5 464公里,为河源至河口直线距离2 068公里的2.64倍。

⑮黄河干流上最窄的峡谷在哪里,叫什么峡?

黄河干流上最窄的峡谷叫野狐峡,位于青海省同德、贵南县境。左岸为高四五十米的石梁,右岸为高达数百米的峭壁,河宽仅十余米,从峡底仰视,仅见一线青天。据说野狐都能跳过,因而得名。

⑯黄河河道最宽处在哪里,有多宽?

黄河河道最宽的河段为河南省孟津县白鹤镇至山东省东明县高村河段,两岸堤距宽5公里~20公里。最宽处为河南长垣县大车集,两岸相距20公里。

⑰黄河上最长的峡谷叫什么?它是哪两省的分界线?

黄河在内蒙古托克托县河口镇,受吕梁山阻挡,掉头南下,犹如一把利剑,将黄土高原一劈两半,开出一条深邃的峡谷,这段峡谷就是黄河上最长的峡谷——晋陕峡谷。从河口镇到禹门口,全长725公里,落差300多米。峡谷两岸分别是陕西省和山西省,晋陕峡谷的名称也是由此而来的。

⑱黄河为何会有“套”？俗话说“黄河百害，唯富一套”的“套”指的是哪里？

自西而东的黄河由甘肃到宁夏的中卫县，然后沿贺兰山转而向北，至内蒙古的临河县受阴山阻挡折而向东，到托克托县突然掉头，沿吕梁山南下，绕了一个马蹄形的大湾。这个特有的大弯曲，好比套在宁蒙平原上的一个大布套，所以人们就称这一带为“河套”。“黄河百害，唯富一套”指的就是这里。

河套平原西起贺兰山、大青山，东到呼和浩特、和林格尔，南达鄂尔多斯高原，北抵狼山、大青山，总面积约为 25 000 平方公里，纵贯宁夏、内蒙古两个自治区。宁夏部分俗称西套，也叫宁夏平原或银川平原，内蒙古部分，俗称东套，并分前套和后套，统称河套平原。

⑲“塞上江南”指的是哪里？这一称号是怎么来的？

“塞上江南”是指黄河贯穿其中的宁夏平原，也叫银川平原。这里是宁夏物产最富饶的地区。

宁夏平原是我国最古老的灌区之一，引黄河水灌溉已有 2 000 年的历史。汉代时，人们已把这里与当时全国最富庶的关中地区相提并论。经过历代治理，这里渠道纵横，稻田遍布，一派江南风光。但是，“塞上江南”这一称谓最初的来历却与自然风光无关，而是由于当时(1 400 多年前)这里迁移来的南方人较多，风俗近于江南的缘故。宋代地理志《太平寰宇记》有这么一段记载：“灵州(指今宁夏北部地区)本杂羌戎之俗，后周宣政二年(公元 579 年)，破陈将吴明彻，迁其人于灵州。其江左之人尚礼好学，习俗相比，因谓之塞北江南。”

⑳你知道黄河干支流含沙量最大曾分别达到多少吗？

据实测资料记载，黄河干流上实测最大的含沙量是 1966 年 7 月 18 日在龙门水文站测到的，含沙量达每立方米 933 公斤。黄河支流上实测最大的含沙量是 1958 年 7 月 10 日在窟野河温家川站测到的，含沙量高达每立方米 1 700 公斤。

㉑黄河上的“揭河底”是一种什么现象？

清道光二十一年六月十六日（公元 1841 年 8 月 2 日），黄河在开封张湾决口，六月二十四日，地方官员率兵沿新河道逆流而上，前往堵口。对这一事件，《祥符县志》中有这样的记载：“行数里，巨浪排山而来，中有人形突起，高二丈许，伸两巨手摆泥沙，战战而倒，如是者数十处。舟人惊骇，大呼‘水怪’至，或曰此名‘夜叉’，往时黄河中曾有之。”

黄河“水怪”到底是怎么回事呢？这其实是黄河上被称为“揭河底”的一种自然现象。“揭河底”也叫揭底冲刷，是水流将大片沉积物从河床上剧烈地掀起，露出水面高达数米，像在河中竖起一道墙，然后跌落、破碎；或者整片的河床淤积物像地毯一样被卷起，漂浮在水面向下游流动。这样强烈的冲刷可使河床在很短时间内急剧下切数米至十数米。揭底冲刷常由高含沙水流引起，主要发生在中游龙门至潼关河段，据记载，1951 年～1977 年，该河段先后 8 次出现“揭河底”，最大冲刷深度 9 米，最大冲刷长度 132 公里。除黄河中游外，下游花园口河段，也有这种现象发生，只是出现机会不多，“揭底”程度也较小。

㉒黄河的“浆河”是怎么回事？

黄河上的“浆河”现象也是因其多泥沙而形成的独特现象之

一。“浆河”就是水流在含沙量很高时，局部河段泥浆停止流动而造成的河中水流暂时堵塞现象。1994 年 2 月 28 日的《黄河报》上有一篇“浆河奇观”的文章中描述了发生在黄河二级支流芦河（位于陕西省横山县）上的一次浆河现象，文中记述：1971 年 8 月 17 日早晨，横山县突降暴雨，芦河河水猛涨，下午 2 时涨至顶峰。河水含沙量高达每立方米 1 190 公斤。下午 5 时，“水位落去三分之二时，忽然水色变暗，洪水稠得像浆糊，流速越来越慢，水位不断抬高，泥沙托着稀稀拉拉的干土块，时而咕噜咕噜冒着气泡，向前走几米，又停顿下来，涌上一阵，又向前走几米。两个小时后，水流才恢复正常。经测算，这一天的输沙量达 742 万吨，相当于 117 800 节火车皮的运输量。”

㉓在黄河发大水时，有时会有“掉进黄河淹不死”的现象，这是什么原因？

由于物体在高含沙水流中所承受的浮力要比清水大得多，亦即有效重量减少了，使正在运动的物体不易下沉，而尚未运动的物体更易起动。

据记载，1977 年 7 月 6 日 23 时～24 时，黄河龙门水文站出现含沙量为 522 公斤每立方米的洪水（洪峰 5 840 立方米每秒），当时参与测流的职工杨某，被冲断的缆绳打入汹涌的河中，站上的人以为他死了，事后，站上正准备开追悼会，他却回来了。原来他被缆绳打晕，漂浮在水面上，顺流而下漂到距该站约 17 公里的汾河口河滩上，第二天早上被当地老乡发现，见他还活着，救了他。

据黄河水利委员会一位高级工程师介绍，1962 年无定河支流丁家沟站发生了高含沙洪水（含沙量约 1 000 公斤每立方米）时，他亲眼看见当地的一些小孩跳入河中，躺在水面上玩耍，任其漂流。这就是有时“掉进黄河淹不死”的说法的由来。

㉔黄河中游地区有的地方群众有“涨水生财”之说，是怎么回事？

由于黄河高含沙水流的浮力大，故在一些干流及支流河段，每逢发生大洪水时往往有大量的煤块漂浮在水面顺流而下。沿河群众把这看作是“生财”的好机会。有的人家捞一次煤，就可以烧好几年。在支流窟野河上有一位 80 多岁的老人说：“有一年发了大水，从上游推来一块大煤炭，约有好几万斤，可巧停在两个村地界之间。结果两村人分炭，共五百来口人，每人分了几百斤。”

㉕“天桥”是黄河晋陕峡谷上的一个地名，你知道这个名称是怎么来的吗？

天桥是晋陕峡谷上一段石峡的名称，位于陕北府谷和晋西北保德二县之间，峡谷长达 20 公里，是晋陕峡谷中最长的峡谷段，也是最险峻的河段之一。山势如屏，河道狭窄。枯水时期河面宽仅 30 余米，冬季积冰成桥，而黄河之水在“冰桥”下滚滚而流，发出雷鸣般的涛声，形成一幅奇特而壮观的画面，“天桥”也由此而得名。

㉖壶口瀑布会不会移动，为什么？

壶口瀑布是黄河上的著名景观，也是黄河上最险峻的河段。它位于陕西宜川和山西吉县的交界处，就像一个巨大的壶口，倾倒着奔腾的河水，水雾弥天，泥浪喧腾，数里之外就能听到震耳的涛声，看到漂荡的水雾。这壮观的一幕，几乎成了黄河的象征。

据地质学家考证，大约一二百万年前，壶口瀑布并不在现在的地方，而是在下游65公里处的龙门。龙门地区由于地壳运动岩层发生断裂，形成东西方向的断层，自北向南的黄河经过这一断层时，出现瀑布。河水经年累月地对河床进行下切侵蚀，使瀑布不断向上游退移，这种现象在地貌上被称为“溯源侵蚀”。据估计，在溯源侵蚀作用下，壶口瀑布以每年三四厘米的速度向北移动。

27“鲤鱼跳龙门”的“龙门”在哪里？你能大概说出这个神话传说吗？

龙门位于壶口瀑布南面约65公里处，在晋陕峡谷的最南端。龙门之南，就是开阔平坦的关中平原。黄河之水从狭窄的龙门口突然进入宽阔的河床之中，河性发生很大变化。龙门的形成，是其东面的龙门山和西面的梁山各伸出山脊，相互靠拢，形成一个只有100多米宽的狭窄口门，好像巨钳，束缚着河水，形成湍急的水流。每当洪水季节，由于峡口中的水位壅高，而出了峡谷后，河谷突然变宽，水位则骤然下降，于是在龙门形成明显的水位差，故有“龙门三跌水”之说。沿袭相传的“鲤鱼跳龙门”的故事，就是指跳跃此处的跌水。该故事说的是小鲤鱼不畏险阻，纷纷跳跃这道通向成龙道路上的门关，能跃过去者，便能成龙。只有那些百折不挠的小鲤鱼，最终才能成龙。这个故事千百年来也激励着炎黄子孙顽强拼搏，奋斗不息。古代人们对龙门峡这种自然奇观的形成，感到不可思议，便想象为大禹所凿开的一条峡口，因而龙门又被称为“禹门口”。

㉘著名的黄河流域“黑三角”指的是哪里？为什么称为“黑三角”？

以陕西省神木县大柳塔为中心，在晋陕蒙三省区接壤处的5.4万平方公里的神府东胜煤田，现已探明煤炭储量2 800亿吨，占全国煤炭储量的三分之一，且易于开采，故被称为黄河“黑三角”。

㉙黄河上有个“鸡鸣闻三省”的地方在哪里？你能举出一场历史上曾在这里发生的战争吗？

黄河流出晋陕峡谷后，受华山山地阻挡，在潼关附近折向东流。潼关依山傍水，雄踞陕、晋、豫三省要冲，有“鸡鸣闻三省”之称。

潼关古称桃林塞，是历史上的重要关隘。它的设置大概在东汉末年。由于设置了潼关，函谷关便逐渐废弃了。

以古长安为中心的关中地区，位于黄河流域的中心，历史上曾长期是我国政治、经济、文化的中心。潼关正位于关中的东口，它南傍华山，北依黄河，中间狭窄的小道仅容一车一马通过，成为关中东部最重要的关隘和咽喉。由于潼关在军事上的重要地位，使它成为历史上战争最频繁的地方之一。在它附近有史可考的重要战争就有40多次，汉末曹操和马超联军的战争就是其中最著名的一次。

㉚黄河上最后一段峡谷在哪里？

黄河上最后一段峡谷叫晋豫峡谷。西起三门峡，东至河南孟津，全长约150公里，河谷底宽200米～800米。目前正在兴建的小浪底水利枢纽就位于该峡谷的出口处。

㉛"三门峡"的名称是怎么来的？现在这三个"门"还有吗？

三门峡是黄河进入大平原以前最后一段峡谷中最险要的一座山峡。这里地势险峻，水流湍急，两岸石壁陡峭，河中两座石岛把急流分为三股。人们把这三股水路分别叫做"人门"、"神门"、"鬼门"，"三门峡"的名称由此而来。鬼门、神门中水势险恶，似乎只有鬼神才能通过；人门水势稍缓，但也是水深流急，舟船难行。

如今，"三门天险"已经没有了，取而代之的是一条横亘峡谷的大坝，像一条银色的缎条把山西、河南两省连接起来，这就是1957年动工兴建的黄河干流上第一座大型水利工程——三门峡水利枢纽。

㉜黄河上的"中流砥柱"在哪里？

在三门峡谷的"三门"之下，紧接着有一座小石岛，人称"中流砥柱"。从"三门"奔出的三股急流，被两岸坚硬的岩石紧紧地束缚住，很快又拧成一股，冲到中流砥柱面前，在这里形成急速流动的旋流，从砥柱两边冲过去，这样才算离开了使人惊心动魄的三门峡谷。

三门峡所在的黄河河道，历史上曾是水运要道。船只行至三门峡时，船夫们便下船来，把船用缆线拉过去，稍有不慎，触上暗礁，船只便会撞成碎片。由于这一带触礁的漕运船只太多，所以水底的山有"米堆"、"谷堆"之称。

传说中的砥柱石，是用来定波镇澜的，在船夫们的眼里，砥柱却是峡谷中的一座航标。在砥柱石上原来刻有三个大字："照我来”,意即朝我这座航标驶来。原来,船只从上往下驶过三门峡以后,要一直朝着中流砥柱冲过来,眼看要撞上砥柱时,砥柱前面的波涛回过水来,正好将船推向旁边的安全航道。

㉝常说的“黄河下游冲积平原”包括几个流域、几个省、多大地区?

黄河下游冲积平原,是我国的第二大平原——华北平原的重要组成部分。它包括豫东、豫北、鲁西、鲁北、冀南、冀北、皖北、苏北等地区,面积达25万平方公里。冲积扇的顶部,位于沁河口一带,海拔100米左右。平原地势大体以黄河大堤为分水岭,地面坡降平缓,微向海洋倾斜。大堤以北为黄海平原,属海河流域;大堤以南为黄淮平原,属淮河流域。

㉞“黄泛区”包括哪几个省,多少县、多大地区?“黄泛区”称法由何而来?

1938年黄河在花园口人为决口,滚滚洪水经尉氏、扶沟、淮阳、商水、项城、沈丘至安徽进入淮河,使豫北、皖北、苏北44个县市,面积约5.4万平方公里的地区,一片汪洋,造成震惊中外的“黄泛区”。

这次灾害,不仅造成人口大量死亡,而且洪水把大量泥沙带入淮河流域,淤塞淮河干支流和湖泊,致使淮河流域连年发生水灾。

㉟黄河流域的三大自然灾害是什么?

黄河流域的三大自然灾害是旱灾、水灾和水土流失。

黄河流域大部分地区属于干旱、半干旱地带，降雨量偏小，而且时空分布不均匀，致使干旱频繁，旱情严重。在公元前 1766 年至公元 1945 年的 3 711 年中，有大旱成灾记载的就有 1 070 多年。其中仅清代就发生 201 次，平均一年多就要遭受一次旱灾袭击。鸦片战争以后的 100 多年间，黄河流域的大旱更以人口大量死亡、损失惨重而载入史册。据记载，光绪三至五年（1877 年～1879 年），晋、冀、鲁、豫四省连续大旱三年，死亡 1 300 多万人；民国 31 年至民国 32 年（1942 年～1943 年）的大旱灾，仅河南省就饿死几百万人。

黄河流域不仅旱灾严重，而且最为瞩目的还是下游的洪水灾害。公元前 602 年至公元 1938 年的 2 540 年中，黄河决口泛滥的年份就有 543 年。有时一年之中多次决溢，所以共计决溢次数 1 590多次。黄河决溢，造成的灾害范围和灾情都是十分严重的。

水土流失是黄河流域又一大严重的自然灾害。流域黄土高原地区（包括鄂尔多斯高原）水土流失面积 43.4 万平方公里，平均每年每平方公里流失土壤 3 700 吨。严重的水土流失使当地脆弱的生态环境持续恶化，阻碍当地社会和经济的发展，而且大量泥沙进入黄河，淤高下游河床，也是黄河下游水患严重而又难于治理的症结所在。

㊱你能举例说明历史上以水代兵，人为决溢造成的水灾及其危害吗？

在历代黄河决溢中，有些是自然因素造成的，有些是以水代兵人为决溢而造成水灾，这更会给人民带来毁灭性的灾难。如公元前 225 年秦王贲率军攻打魏国，引河灌大梁；1128 年宋杜充决河御金兵；明崇祯十五年（1642 年），为了水淹闯王大军，镇守开封的周王与巡抚高名衡派人在朱家寨（今开封黑岗口）决堤，而起义军又在马家口决开黄河大堤，二水汇流冲灌开封城，四门皆坏，“城内之水几与城平”，城内 37 万居民淹死 34 万，造成全城覆没的历史悲剧。1938 年国民党政府为了阻止日本侵略军的追击，下令扒开花园口黄河大堤，滚滚洪水淹及豫、皖、苏三省 44 个县市，面积约 5.4 万平方公里的地区一片汪洋，受灾人口达 1 250 万，300 多万人背井离乡，造成震惊中外的“黄泛区”。

㊲黄河流域被誉为我国的“能源流域”，你能举出三种资源来说明这一问题吗？

黄河流域的能源资源极其丰富，据 1990 年资料，煤炭探明保有储量占全国总储量的 46%；石油探明地质储量占全国总储量的 26.60%；天然气资源极其丰富，探明地质储量占全国总量的 8.96%，近年来，在中游地区又有天然气田新发现，仅鄂尔多斯盆地储量即达 3 200 亿立方米。

㊳黄河水力资源的“富矿区”在哪一河段？

黄河水力资源十分丰富。据 1979 年普查，全流域理论蕴藏量共 4 051 万千瓦，相应的年发电量为 3 552 亿千瓦小时，约占全国理论蕴藏量的 6%，仅次于长江。

黄河上的水力资源主要集中于干流的上游峡谷区，其中龙羊峡至青铜峡河段，占黄河可开发水力资源的一半。这段河道不仅水流湍急，而且落差大，上下落差达 1 300 多米，平均每 100 公里下降 140 多米。

㊴在我国已探明超过100亿吨储量的26个煤田中，黄河流域有11个，都在哪里？

这11个大煤田都集中在黄河中游地区，其中有陕北侏罗纪煤田，山西沁水煤田、河东煤田、西山煤田、内蒙古东胜煤田、准格尔煤田等。

㊵黄河水资源有多少？黄河水资源的三大特点是什么？

黄河流域的水资源总量包括河川径流量和地下水资源量两部分。河川径流量多年平均为580亿立方米；地下水资源总补给量（包括闭流区）为300亿立方米～400亿立方米，扣除与河川径流重复量后的可开采量为80亿立方米～155亿立方米。

黄河水资源有三大特点：

①水少沙多；②水资源时空分布不均，即径流地区分布不均，径流年内年际变化大；③水沙异源，黄河水沙来源地区不同。

㊶黄河流域的降水量是多少？

黄河流域多年平均降水量为476毫米，不到长江流域的一半，比全国平均水平（650毫米）低27%，从全国来讲属于旱少雨区。而该区降水分布极不均匀，秦岭一线和泰山地区在800毫米以上，而乌兰布和沙漠、库布齐沙漠地区只有150毫米左右。

㊷“一年雨水三天下完”反映了黄河中游地区的降雨特点，你能举出一个典型例子吗？这种降雨有什么危害？

黄河中游地区经常发生区域性暴雨，而且暴雨强度大，历时短。如1971年7月25日窟野河的杨家坪，实测12个小时降雨量达408.7毫米；1977年8月1日，在陕西、内蒙古交界的乌审旗发生的特大暴雨，暴雨中心9小时降了1 400毫米的雨，超过世界纪录。而这一地区的多年平均降水量只有400毫米左右，真可谓“三年雨水一天下完了”。这种暴雨的冲刷力很强，加上这里黄土深厚，土质疏松，植被覆盖很差，所以水土流失十分严重。

㊸“水土流失”是一种什么自然现象？黄土高原平均每年流失多少土？

水土流失是指由水力、重力和风力等外营力引起的水土资源和土地生产力的破坏和损失。

黄土高原是我国水土流失最严重的地区,平均每年流失16亿吨泥沙。在这十几亿吨土壤中,含氮、磷、钾总量3 000多万吨。因此,严重的水土流失,直接危害着当地的农业生产,造成当地贫困落后,同时,给黄河的治理和开发带来了很大困难。

㊹你能说出四种黄土高原的典型地貌类型吗?

黄土高原地区黄土连续分布广,厚度大,但现代土壤侵蚀严重,地表支离破碎。深厚的黄土组成的塬、梁、峁、沟是黄土高原的主要地貌类型。

黄土高原由于现代侵蚀的加剧,沟道发展迅速,长度在1公里以上的沟壑有30多万条,1公里以下的支毛沟则更多。一道道沟壑不停地切割着黄土高原,使它成为黄河泥沙的主要来源地。塬、梁、峁也就是黄土高原不断被切割、冲刷、演变而成的。

㊺“平陆”、“万泉”、“清水”是黄土高原地区的几个地名及河名，这些名称是否名副其实？

黄土高原上有个平陆县，从地名看这里一定是块很平的地方，然而，如果你来到这里，就会发现这儿的地貌恰恰跟名字相反。全县1 000多平方公里的土地上，大沟道就有3 000多条，纵横交错，把地面分割得支离破碎。

万泉也是黄土高原上的一个县名。一听这名字，以为这里一定泉水很多。谁知，这个万泉县不但没有一个泉眼，而且连喝口水都十分困难。到处是光秃秃的山梁，要打一口井，也要打到100多米才能见水。

黄土高原上有许多小河流，有的叫清水，有的叫绿水。但亲眼一看，都名不符实，都是浑浊的“小黄河”。大概这些名字也反映着人们对万泉、清水的渴望吧！

㊻黄土高原每年进入黄河那么多泥沙都到哪里去了？

据观测，每年进入黄河的泥沙多则几十亿吨，少则几亿吨，多年平均为16亿吨。这16亿吨泥沙，约有4亿吨淤积在利津以上的河道内，约有8亿吨淤积在利津以下的河口三角洲及滨海地区，其余4亿吨被冲入渤海。

淤在下游河道内的4亿吨泥沙，使河床平均每年抬高10厘米左右，导致黄河下游成为著名的“悬河”；冲入大海的泥沙，大部分淤积在河口附近的浅海区，平均每年造陆25平方公里～30平方公里。

㊼黄河流域的沙漠有多少？最大的叫什么？

黄河流域共有沙漠沙地面积7.89万平方公里，占整个流域面积(包括内流区)的9.93%,共有6片,分别是毛乌素沙地、库布齐沙漠、乌兰布和沙漠、河东沙区、共和沙区、腾格里沙漠(腾格里沙漠在黄河流域的面积只有700平方公里),其中最大的是毛乌素沙地,面积为4.22万平方公里。

㊽世界“沙漠之都”在哪里?

在宁夏中卫县的黄河岸边,有一个叫沙坡头的地方,它位于中国第四大沙漠——腾格里沙漠的南端,海拔1 500米。这里沙层厚度70米~100米,流沙占71%。沙层厚度之大世界罕见,有世界“沙漠之都”之称。沙坡头下临黄河,北望沙海,自然景观驰名中外。这里还是闻名中外的“沙坡头治沙站”(属中科院兰州沙漠研究所)所在地,该站以治沙成果之丰硕而饮誉全球。

㊾黄河流域的两处著名的“鸣沙”区在哪里?

我国有四大鸣沙区,即新疆的巴里坤、甘肃的鸣沙山、宁夏的沙坡头和内蒙古的响沙湾,其中后两处都在黄河流域。

响沙湾位于内蒙古伊克昭盟达拉特旗瓦窑村,草原钢城包头之南45公里,库布齐沙漠的东缘,罕台川的西畔。游人由丘顶而下,便发出如同飞机或汽车从远处驶来时的隆隆之声。众人同滑,响声更大,似杂技演员抖空竹,嗡嗡之声不绝于耳。宁静后突然用脚一跺,可发出闷声闷气的“蛙鸣”。搂一堆细沙用手挤压,噗噗作响。将此沙移至异地,同样处理却哑然失声。

沙坡头位于宁夏中卫县的黄河岸边,这里百米沙山,悬若飞瀑,坐滑而下,发出嗡嗡轰响,回音浑厚,犹如金钟长鸣,被称为“沙坡鸣钟”。

㊿“泾渭分明”这一成语源于何处？现在还能见到“泾浊渭清”的现象吗？

渭河是黄河最大的支流，泾河又是渭河的支流。“泾渭分明”这一家喻户晓的成语即源出泾渭两河交汇处。据考证，唐代诗人杜甫的《秋雨叹》中：“浊泾清渭何当分”，大概是这则成语的雏形了。那么，现在还能不能在两河交汇处见到清水浊水同流一河、互不相融的景观呢？据统计，目前泾河平均每年向渭河输送3.04亿吨泥沙，平均含沙量为196公斤每立方米；在未纳入泾河之前，渭河平均每年输送泥沙1.78亿吨，平均含沙量26.8公斤每立方米。从数字上看，还是泾浊渭清，尤其在枯水季节。但通常，当渭河含沙量达到10公斤时，水色便呈赤黄色了。从表面上看，泾渭分明的自然景观已经很不明显了。

51 黄河上中游地区为何多沙暴？

黄河中游大部分地区处于植被覆盖条件较差的黄土高原地区，上游的宁蒙河段又处于沙漠边缘，地面覆盖物多为沙性土质，在大风最多的春季，风吹沙起，往往形成遮天蔽日的沙暴，给工农业生产带来很大危害。贺兰山以西腾格里沙漠附近年平均沙暴日数达25天以上，宁蒙河段、晋陕区间沙暴日数10天左右，其他地区为1天～5天。

52 你能说出黄河上几处著名渡口以及渡口名称的来历吗？

历史上黄河流经的各省区，分别都有黄河渡口数十处至百余处。这些渡口设有船只，较大的还有管理机构。现举几例如下：

(1)孟津渡。位于河南省孟津县老城，周武王伐纣时，曾于此会诸侯八百,故有盟津之称。

(2)茅津渡。位于山西省平陆县。该渡口是黄河水路要冲,晋豫两省通衢,历来为军事及经济、交通要地。

(3)风陵渡。位于山西省芮城县。传说黄帝之臣风后葬于此地,名风陵,渡口因此而得名,自古在军事及两岸交往中均属要地。

(4)柳园口渡口。位于河南省开封市北郊。公元1187年这里即设渡口,该渡口是黄河下游平原地区时间较久的渡口。

(5)孙口渡口。位于河南省台前县孙口村。1947年6月30日夜,刘邓大军以孙口为主要渡河点,强渡黄河后千里挺进大别山。1971年后,这里建成公路渡口。

53 你知道"花园口"名称的来历吗?

郑州黄河游览区东面10多公里处的花园口,本来是黄河岸边一个小小的村名,由于它的名字同黄河连在一起,因而驰名中外。明代以前还没有"花园口"这个名字,那时这里叫"桂家庄"。到了明代,有个名叫许赞的吏部尚书,在这里修建了一座方圆五百亩的大花园。后来黄河决口改道,滔滔黄水把那座大花园连同桂家庄一起吞没了,从此,这里便成了黄河岸边的一个渡口,群众便叫它花园口。清代,黄河又曾两次在这里决口。1938年国民党在花园口人为决口,灾害惨重,该处成了沙荒一片,花园口从此驰名中外,成了灾难的象征。

54 "悬河"的含义是什么?黄河上著名的"悬河"是指哪一段?

河床高出两岸地面的河叫"悬河",又称"地上河"。"悬河"

形成的原因是：流域来沙量很大的河流，在河谷开阔、比降平缓的河段，泥沙大量堆积，河床不断抬高，水位相应上升，为防止水害，两岸大堤随之不断加高，年长日久，河床高出两岸地面，成为“悬河”。

每年大约有4亿吨泥沙淤积在黄河下游河道内，河床逐年升高，使黄河下游成为世界上著名的“悬河”。现在的黄河下游河床，一般比堤外地面高出3米～5米，在河南封丘县的曹岗，竟高出10米。

由于河道高出地面，一般来说郑州以下的黄河下游河道成了淮河、海河两大水系的分水岭，从严格意义上黄河两岸已不属于黄河流域了。

55黄河下游桃花峪至高村河段是典型的游荡性河道，你能举例说明这一“游荡”特性吗？

在这一河段，河床宽浅，沙洲密布，水流散乱，分成多股汊流，其中有一股相对属于主流。主流流向多变，摆动频繁，是游荡性河道的主要特征。例如1954年8月底的一次洪水中，开封市柳园口附近主流原来靠北岸，洪峰过后，主流开始南移，北岸淤出大片滩地；时过不久，主流又从南岸向北滚动，重新回到原来的位置。一昼夜之间，主流南北来回摆动幅度达6公里。

黄河下游河道主流的剧烈游荡，造成滩地大量坍塌，许多村庄掉入河中。从60年代初到70年代初的10年间，花园口到陶城铺300多公里长的河段里，共塌失滩地40余万亩，有250多个村庄掉到河中。

㊺“平时一条线，伏秋一大片”，说明了黄河河水的什么特点？

“平时一条线，伏秋一大片”是说黄河平时河水少，夏天和秋天河水多，水量在时间分布上不均匀的特点。

黄河流域属大陆性季风气候，降水季节性强，汛期 7 月～10 月径流量主要由暴雨形成，非汛期流量主要为地下水补给。径流在年内分配上主要集中在汛期。干流汛期径流量占全年的 60% 左右，每年 3 月～6 月径流量仅占全年的 10%～20%。所以就出现了“平时一条线，伏秋一大片”的现象。

㊼黄河上四季都有汛期，分别叫什么汛？

江河等水域季节性、周期性的涨水时期叫汛期。黄河洪水按其成因可分为暴雨洪水和冰凌洪水两个类型。黄河在一年内的四个季节里都有汛期，分别叫桃汛、伏汛、秋汛、凌汛。在 3 月底、4 月初，因内蒙古河段解冻开河，河槽的蓄水量下泄，但因宁蒙河段的冰凌洪水传播到下游，正值桃花盛开季节，故称“桃汛”；在夏季 7、8 月形成的暴雨洪水，因正值伏天，称“伏汛”；秋天 9 月、10 月形成的暴雨洪水，称“秋汛”，伏秋两汛时间相连，又都是发生暴雨洪水的季节，合称“伏秋大汛”；在冬季，因黄河下游河道封冻，河槽大量蓄水，在解冻开河时，往往形成洪峰，并伴有大量冰凌下泄，很容易在弯曲狭窄河段卡冰阻水，壅高水位，威胁堤防安全，故称“凌汛”。

现在“桃汛”由于洪量不大，又有三门峡等水库调节，且下游堤防标准加大，已构不成威胁，而伏秋大汛和凌汛则威胁较大。

58 通常说“七下八上”是黄河洪水多发期，这是指什么？与降雨的年内分配有什么关系？

黄河上的“七下八上”洪水的多发期指的是7月下半月至8月上半月。这是由黄河流域的暴雨特点决定的。黄河的洪水主要是暴雨产生的。据统计1956年～1989年河口镇至龙门区间发生的33场大暴雨中，7月下半月至8月上半月共发生25次，发生频率为75%。各年的大洪水也多出现在7月～8月。防汛人员很警惕“七下八上”的洪水，也就是大洪水容易出现在7月下半月和8月上半月。

59 黄河洪水主要来源于哪里？

黄河的上、中、下游都有洪水，除黄河上游兰州以上和黄河下游大汶河流域的洪水来源外，黄河中游的三个地区是黄河洪水的主要来源区，它们是河口镇至龙门区间、龙门至三门峡区间、三门峡至花园口区间。

60 沟通黄河、长江等五大水系的古代水利工程是哪座？

是京杭大运河，它北起北京，南至杭州，沟通了海河、黄河、淮河、长江、钱塘江五大水系。全长1 797公里。始凿于公元前五5纪，后经隋代、元代两次大规模扩展，利用天然河道加以疏浚修凿连接而成。

61 黄河航运在我国历史上曾发挥过重要作用，现在黄河上还能航运吗？

黄河航运在我国历史上曾对国民经济的发展起过重要作用。

早在春秋时期(公元前 647 年)就有“秦粟输晋,泛舟之役”的记载。西汉及唐代均建都长安,利用渭河及黄河潼关至荥阳河段,沟通黄淮之间的运河水道,将江南粮食为主的大量物资源源不断地运到关中地区,使长安成为当时国际交往的中心之一。清末民初,公路、铁路兴起,黄河水运逐渐衰落。

黄河干流上中游大部分河段险滩多,水流湍急;尤其是中下游河段泥沙多,冲淤变化大,游荡摆动剧烈,航运事业很不发达。目前,仅在局部河段有少量短途季节性客货运输,年总货运量 40 万吨～66 万吨。

㊷历史上曾有“黄河清,圣人出”的说法,将来黄河水会变清吗?

黄河的泥沙主要来自黄土高原,造成黄土高原水土流失的原因除人类活动的因素外,还有自然力量的破坏。每年大量入黄泥沙是人力难以完全制止的。即使经过长期努力取得了较为显著的减沙作用,例如减少 50%,进入黄河下游的泥沙仍有 8 亿吨,黄河仍将是一条多沙的河流。

㊸什么叫“横河”、“斜河”? 它们有什么危险?

“横河”、“斜河”是指河流主流大体垂直于河道或与河道有较大的夹角,顶冲滩岸或直冲大堤的现象。这种现象多发生在黄河上的游荡型河段。主流冲击滩岸,会使坝岸被淘刷,或使滩岸急速坍塌,如抢护不及,就有可能发生决口。

64黄河堤内也有人家吗?

黄河下游两岸无山丘夹持,洪水来时,河水在大堤内滚来滚去,有的地方有几十里宽。洪水退落,堤内便有大片土地,这就是通常所说的“滩区”。也有一些高滩是常年不上水的。

滩区内也有村庄,据统计,截至1985年底,下游滩区内共有村庄2 030个,人口138.47万。滩区居民为了防水,住房不建在平地上,而建在高台上,称为台房。住台房的人家世代以种黄河滩地为生。

有趣的是,滩区人靠河而居,并不怕水,而对“堤外”人家的怕水总带些嘲笑的神气。当你站在大堤上就会明白,滩上的地面远高于堤外的地面,而且滩区人住“台上”,随时可以登“台”避险,台房旁的柳桩上还都拴有救急的船,而堤外人却是仰望悬河,怎能不怕水?

65黄河嫩滩上的“牛肚子”、“陷阱窝”是什么?

在河槽内,有些滩地经常上水,时冲时淤,杂草难以生存,这样的滩地俗称嫩滩。黄河嫩滩上有不少有趣的现象,“牛肚子”、“陷阱窝”就是其中的两例。

“牛肚子”是指人站在嫩滩上会一起一伏,像站在一只喘着气的牛肚子上一样。形成“牛肚子”的地方在上水前一般是一片小洼地,上水时,洼地里淤了很多粗沙,后又在上面淤了一层黏土。人在上面走动,黏土层没有破裂,而饱含水分的粗沙因受压而起伏。

“陷阱窝”是嫩滩上的危险区,表面看似干燥,下面却是含有大量水分的黏土团,像个稀泥缸,人掉进去,越动越下沉,非常危险。这时,应在周围挖些坑,使黏土团的水分渗出,人就不会下陷了。

66黄河入海口处大陆架下最大的宝藏是什么？黄河泥沙对开发这一宝藏有何影响？

黄河入海口浅海区的大陆架下，蕴藏着丰富的石油资源。黄河携带大量泥沙入海，把储油构造上的海域淤成了陆地，对于石油的勘探和开发，提供了极为便利的条件。地处河口的胜利油田，已成为我国第二大油田。

67黄河在河口段是以什么样的规律走河的？

黄河进入海域后，挟沙能力骤然降低，大部分泥沙淤积在口门附近和三角洲海域，致使河口向海中淤积延伸。当延伸到一定长度后，尾闾部分即出汊摆动。也就是说经历“淤积—延伸—摆动”的过程。摆动点由下而上逐渐上移，经过若干次小范围的摆动后，引起较大范围的摆动，也就是改道。然后，再经历“淤积—延伸—摆动”的过程。这种现象，被形象地称为“龙摆尾”。

68你知道黄河口在现行河道实际行水期间，河口河道发生了多少次大的改道？平均多少年改道一次？

1855 年黄河下游在铜瓦厢决口改道后，黄河经大清河入渤海，扣除河口段以上决口改道的时段，经三角洲的实际行水历时为 98 年。在此期间，三角洲上黄河大的改道有 9 次。也就是说，平均 10 年就改道一次。

⑲什么是“出河溜”?

黄河之水在它流程的最后,仍表现出顽强的搏击,蔚为壮观,很有气势。滚滚浊流汇入大海,由于淡水比重小,就在海面上弥漫开来。每当洪水季节,黄河水劈开万顷碧波,直冲深海,金黄的“水舌”伸在湛蓝的海面上,轮廓十分清晰,最远时可达几十公里,这就叫“出河溜”。这股出河溜冲入大海时涛声大作,轰轰作响,宛如雷鸣,仿佛黄河以此宣告结束它的万里征程。

黄河300问

历史文化篇

❶黄河流域早在多少万年前已有人类活动?

根据山西省芮城县境内黄河东岸西侯度遗址发现的180万年前远古人类用过的石器,可以相信,早在180万年以前,黄河流域已有人类在活动了。西侯度出土了30余件石制品,是迄今为止中国大陆上发现的人类文化遗存中最早的代表。

西侯度文化中用动物骨角制造工具和用火的资料,不仅在黄河流域是最早的代表,在国内其他地区和在世界上也是仅见的。

❷反映古猿人文化的西侯度人、蓝田人、大荔人分别是什么时候在哪里发现的?距今有多少万年?

西侯度猿人文化:1961年于山西芮城西侯度发现,距今150万年~180万年,为中国北方旧石器时代早期猿人文化。

蓝田猿人文化:1963年~1964年在陕西蓝田公王岭与陈家窝发现,其中公王岭猿人距今100万年~115万年,陈家窝猿人距今50万年~59万年。为旧石器时代晚期猿人文化。

大荔猿人文化:1978年于陕西大荔甜水沟发现,距今30万年~50万年,为晚期猿人文化。

❸反映古智人文化的丁村人、河套新人是什么时候在哪里发现的?距今多少万年?

丁村古人文化:1954年~1976年于山西省襄汾县汾河东岸丁村发现,距今7万年~9万年,属于旧石器中期文化,为早期智人。

河套新人文化:1922年及1956年~1960年在内蒙古乌审旗大沟湾发现,距今3万年左右,为晚期智人。

❹现代人的文化发展可以划为几个阶段？试举出比较典型的文化遗址，并说出它们的年代。

现代人是由新人直接进化而来的。现代人的文化发展可划为4个阶段：

(1)细石器文化。距今10 000年～7 000年，黄土高原多处发现该时代文化遗址，如陕西大荔沙苑、山西沁水下川等地。

(2)新石器文化。距今7 000年～3 700年，按最早发现地点及所代表的发展阶段划分为早、中、晚三期：早期称仰韶文化，距今7 000年～5 000年，1921年发现于河南渑池县仰韶村；中期称龙山文化，距今5 000年～4 100年，1928年发现于山东省章丘县龙山镇；晚期称二里头文化，距今4 100年～3 700年，最早发现于河南偃师二里头，为夏代文化遗址。

(3)青铜器文化。距今3 700年～2 700年，可划分为三期：早期为二里岗文化，即郑州商城文化，距今3 620年，为商代早期文化；中期为殷墟文化，即河南安阳小屯村文化，大致为公元前14世纪～公元前11世纪，为商代晚期文化；晚期为岐山文化，即陕西岐山凤雏村西周都城文化遗址。

(4)铁器文化。出现于公元前770年的春秋初期，如在河南新郑仓城发现的春秋铸铁遗址，在河南卫辉市固围村发现的战国墓葬遗址，在西安周围发现的西安隋唐都城文化遗址等。

❺黄河流域人类用火比北京人用火早多少年？

在比北京人时代还要早的文化遗存中，不断发现人类用火的痕迹，其中年代最早的首推西侯度。该遗址发现的一批颜色特殊的动物化石及鹿角化石，经化验有些被火烧过；在蓝田文化遗存中，与人类化石同层发现了三处炭末分布；另外，在匼河文化中也发现了与北京人文化相类似的烧骨。若以最早的西侯度文化为准,则黄河流域人类用火比北京人用火早 100 万年以上。

⑥我国第一个中石器时代文化是哪个文化?

中石器时代,是连结旧石器时代和新石器时代之间的过渡阶段或中间环节。1956 年,中国科学院考古研究所为配合黄河三门峡水库的建设,在陕西大荔县的沙苑地区发现 15 处遗留有打制的石片和石器的地点,共采集到 3 000 余件标本。根据这些石器的特点,认为它们是中石器时代到新石器时代早期的遗存,从而将其命名为我国的第一个中石器时代文化——沙苑文化。

⑦黄河流域从什么时候起成为我国远古文化发展的中心?

从中石器时代起,黄河流域就成了我国远古文化发展的中心。中石器时代的特征是:社会经济生活以渔猎和采集为主,属于自然经济,还没有出现农业。在中石器时代,细石器的普遍使用促进了狩猎和采集经济的发展。数十年来,在黄河流域发现了大量以细石器为主的文化遗存,不仅有可能填补我国新旧两大石器时代之间的缺环,而且还显示出我国中石器时代细石器工艺最发达的地区就是黄河流域。有的考古学家认为,正是在华北旧石器时代晚期文化的基础上形成了以细石器工艺传统为代表的中石器时代文化,其后,才在黄河流域发展成为以农业经济为主的新石器时代文化。所以说从中石器时代起,黄河流域就成了我国远古文化发展的中心。

⑧半坡遗址是一个什么样的文化遗址?

半坡遗址位于陕西省西安市东部浐河东岸半坡村，是黄河流域一个典型的母系氏族公社村落遗址，属仰韶文化的一种早期类型，距今约6 000年。遗址总面积约5万平方米，分为居住区、制陶区和墓葬区。1953年春，西安市在建设纺织城时发现，发掘面积1万平方米，获得了丰富的文化遗存。半坡遗址对研究中国原始社会的历史有着重要的价值。1952年建成半坡博物馆，1958年正式开放，1961年3月被国务院公布为全国重点文物保护单位。

⑨“炎黄子孙”的说法从何而来?

传说4 000多年前在黄河流域出现的黄帝和炎帝是中华民族的祖先,中华民族的后人便称自己是炎黄子孙。

⑩轩辕黄帝的陵墓在哪里？诞生地又在哪里?

黄帝陵位于渭河支流洛河的中游,在陕西省黄陵县城北桥山顶上,陵高3.6米、周长48米。陵前几十米远有一高台,台旁石碑书“汉武仙台”四字,相传是汉武帝刘彻祭陵处。陵前还有祭亭一座,亭中立有郭沫若手书的“黄帝陵”石碑。黄帝陵区面积约4平方公里。陵区东侧有一座黄帝庙,庙内有相传为黄帝亲手栽植的大柏树“黄帝手植柏”,高19米,下围10米,7人才能合抱,被外国学者誉为“世界柏树之父”。清明时节祭扫黄帝陵已成中华民族的习俗。

黄帝的诞生地在河南省新郑县,在县城北关有一通“轩辕故里”碑,还有一座轩辕黄帝庙,海内外无数炎黄子孙来此拜谒轩辕

黄帝,寻根问祖

⓫炎帝为什么又称“神农氏”?

炎帝是传说中的中华民族的另一位先祖。《水经注》中记载了一个有关炎帝的传说:炎帝姓姜,其母游华山之阳,由于神的感应而生炎帝,在宝鸡地区的姜水(河名)长大。相传炎帝擅长农耕,并传授人们农耕的方法,故有“神农氏”之称。在我国古老传说中,又有“神农氏尝百草”的传说。

⓬后稷是一位什么样的人物?

后稷是对古代农业的起源和发展作出重要贡献的又一个人物。后稷传说为周人的先祖。据《史记·周本纪》记载,后稷在幼年时就爱种植农作物。成年以后特别爱好耕田务农,并懂得根据土壤情况的不同而种植相应的作物。尧帝让他担任“农师”的官职。舜帝把“邰”(今陕西武功地区)这个地方封给他,并封给他一个称号为“后稷”。他原先的名字叫弃,是因为其母在生他时以为不吉祥,遂弃之于荒野,但他受到鸟兽的保护而活下来,遂名之为弃。后稷来到邰以后,播种百谷,遂有“后稷教民稼穑”之说。为了纪念后稷教民稼穑之功,后人在今陕西武功建有后稷庙,此庙早已不存,现只剩教稼台。由于后稷为发展农业作出了巨大贡献,他的后代才在他的基础上,逐渐发展强盛。最后,周人终于在岐山以下的周原地区发展壮大,建立了周朝。这些传说反映了关中地区以及渭河流域历史文化的悠久。

⑬我国发现的最早的青铜器是什么？

我国发现的最早的青铜器，是在黄河上游甘肃省东乡县林家遗址出土的一件铜刀，铸造年代距今约5 000年，属仰韶晚期。铜刀的主要金属成分是铜，其次是锡，刀长12.5厘米，刀尖圆钝，略微上翘，弧背，后部做成较窄的刀柄，刀柄表面留有嵌装在木质刀把上的痕迹。

⑭我国最早的人工冶铁实物是什么？

1990年5月在河南省三门峡市上村岭虢国墓中发现一件西周晚期的铜柄铁剑，经鉴定为人工冶铁制品，由块铁法锻制而成。铜柄上镶有美石和绿松石，剑身与柄的结合处也镶有绿松石片。这件利用玉、铜、铁多种材料制成的兵器，是我国最早的人工冶铁实物，它证明我国冶铁的历史最迟也于西周开始。

⑮甲骨文是哪一年由谁发现的？

清末，河南省安阳小屯村农民在种地时常发现一些乌龟壳和兽骨，他们就拾回当作“龙骨”卖给药材铺，或者将其捣碎研为粉末当作医疗创伤的药出售。1899年秋，一位姓范的古董商从小屯收购到12块这样的龟甲和兽骨，把它们转售到一位名叫王懿荣的人那里。王当时在北京做官，是个有学识的人，他看到这些甲骨片上刻有古代的文字，便把甲骨片买了下来，并对有字甲骨进行收藏。大约同时，天津的王襄和孟定生两位秀才也发现了甲骨上有古文字，也有意识地收藏。后来，人们就把这些刻在龟背和兽骨上的文字称为甲骨文，王懿荣等的发现和收藏，为以后甲骨文的研究作出了重大贡献。

⑯“华夏第一龙”指的是什么？是在哪里发现的？

“华夏第一龙”是指 1987 年 5 月河南省考古工作者在黄河之滨，河南濮阳西水坡仰韶文化遗址发现的三组蚌砌动物，计有龙、虎、鹿等，共有蚌砌的龙 3 条、虎 3 只、鹿 1 头。这些蚌砌动物使用的是不经加工的自然蚌壳，所砌图像具有立体感。

这些蚌砌的龙和虎，位于仰韶文化中期偏早的地层下，距今约 6 000年。对研究龙的神话历史、研究仰韶文化具有特殊价值，也是蚌砌艺术的珍品。这次发现的蚌砌龙等，把中国龙的图腾向前推进了千余年，堪称“华夏第一龙”。

⑰我国发现的最古老的乐器是什么？

笛，是我们中华民族传统的乐器之一。而距今 8 000 年左右的贾湖骨笛是迄今为止中国发现的最古老的乐器。80 年代中期，考古工作者在河南舞阳贾湖新石器时代遗址发掘了一处裴李岗文化的墓地，从这处墓地发现了 16 支骨笛。这些骨笛都是用猛禽的腿骨截去两端关节后再钻孔制作的。骨笛大多为 7 个孔，与现在常见的竹笛十分相似。经测定，贾湖骨笛比此前认为的最古老的乐器陶埙和骨哨早 1 000 多年。

⑱“五谷”中有哪几种是起源于黄河流域？

古代将粮食作物统称为“五谷”。五谷包括哪些粮食作物，历来有不同说法。有的认为包括麻、菽、麦、稷、黍五种。有的认为包括稻、菽、麦、稷、黍(其中菽为大豆)。也有的认为“五谷”不一定限于五种，而是对谷物的统称。

有证据表明，古代黄河流域种植的粮食作物的种类远不止五种。仅在上述五种中,小麦、水稻的起源地尚有不同说法,但粟、稷(即高粱)、菽(大豆)起源地在黄河流域则是学者们共认的。

⑲反映一年中天气变化的“二十四节气”来自于哪里?适用于哪里?

黄河流域的气候表现出四季分明的季节变化。生活在黄河流域的中华民族的先民们,经过不断地观察和总结,把一年中的天气变化用“二十四节气”来表征。二十四节气是中国所特有的,而且只适合黄河流域,不适合于我国其他地区和世界其他国家。二十四节气具有科学性、实用性、通俗性。之所以说它具有科学性,是它用自然物候的变化来表示天气变化,具有客观性。如“惊蛰”,反映了各种处于冬眠状态的虫类和动物开始苏醒,万物处于复苏,进而反映了天气变暖的程度。再如“白露”、“寒露”、“霜降”等节气,反映了大气中水蒸气凝结状态的不同,进而表示了天气变冷程度的不同。之所以说它具有实用性,是因这些气候和一定的农事活动相联系。例如,“谷雨”,是表示种植谷类作物的时节,“芒种”表示了繁忙的春播季节的结束,即俗语说“过了芒种不可强种”。二十四节气中的大部分节气都各反映了农事活动安排。至于它的通俗性,更是显而易见的,由于它是用最普通的自然现象、物候现象和农事活动等的总体表示,在长期实践过程中,被用两个字的口诀来表达,形象生动、琅琅上口。因此,二十四节气是中华民族的先民们的智慧结晶。

⑳黄河流域已发现的最古老的城在哪里?

70 年代以来的考古发现证实,黄河流域在龙山文化晚期已经出现了城。1977 年,在河南省登封县告成镇西约 1 公里一处叫"王城岗"的台地上,考古工作者发现了一座距今 4 000 年左右的城址,是用夯土先后筑成的两座东西并列的方形城堡。1979 年,在河南省淮阳县又发现一处规模更大、城墙更宽更高的城址,它坐落在淮阳县城东南 4 公里处一个叫"平粮台"的土台上,也是一座方形城池,每边城墙长 185 米,整个城的周长达 740 米,其面积几乎是王城岗城的 4 倍。平粮台城距今也在 4 000 年以上。

㉑今人为什么多到山西洪洞县大槐树下寻根?

山西洪洞大槐树位于洪洞县城北 1 公里、同蒲铁路西侧、广济寺遗址左旁。相传为汉植,现古槐已枯,又长新槐,这里是明初移民的集散地,从这里分散到今冀、鲁、豫、苏、皖等地的广大移民,均把大槐树作为自己的故乡。元末明初,中原之地兵火连年,民不聊生,几乎到了"春燕归来无栖处,赤地千里少人烟"的境地。然而,当时与中原惨景形成鲜明对比的山西,却由于太行山的阻隔,中原地区的战乱、灾疫很少波及,晋省大部分地区风调雨顺,连年丰收,人丁兴旺,再加上邻省难民流入山西,使山西南部人口更加稠密。明洪武十四年(1381 年),河南、河北人口均不过 189 万人,而山西却达 403 万人,超过河南、河北人口总和。于是,从洪武初年到永乐十五年(1417 年)前后,历时 50 余载,明政府结合当时的军屯、民屯、商屯,进行了长期的、大规模的移民,其原则是由人多田少的山西,向人少地多的河南、河北、山东、安徽、江苏、湖北等省以及当时的边疆地区迁移。移民主要来自太原、临汾、晋城、长治等地,来自各地的移民,都集中在洪洞县古大槐树下,登记注册,办理手续,然后被迫移居他乡。年深日久,绝大部分移民后裔都把前辈出发的最后之地洪洞,作为外迁之前的祖籍,将大槐树作为祖籍标志。

㉒我国中草药学的最早一部著作是哪一部？产生于哪里？

是《神农本草》。产生于黄河流域。该书共记载药物365种，其中除矿物、动物及菌类性药物外，以书中记载的244种草药为例，有212种植物性药物在黄河流域都有分布，而且有的只在黄河流域才有。

㉓秦兵马俑为什么被称为“世界第八奇迹”？

秦始皇兵马俑陪葬坑位于陕西临潼归寨乡，在秦始皇陵东侧1 500米处。已发现的秦俑坑有3座，呈品字形排列。一号坑东西长230米、南北宽为62米，内有陶俑陶马6 000多件；二号坑东西长96米、南北宽84米，内有陶俑陶马1 300多件；三号坑面积约为520平方米，内有武士俑68个。3个俑坑组成一个相互联系的整体军阵，威武壮观。每件陶俑的制作都表现出高超的工艺水平，几千件陶人，不仅整体体魄、面部神态协调统一，每件陶人的体魄和面部表情也都各具特点，无论是站是蹲是跪，都是神态各异，栩栩如生，很难从中找出两个完全雷同的形象。秦兵马俑坑的发掘被誉为“二十世纪考古史上伟大的发现之一”。1979年，法国前总理希拉克参观秦兵马俑后，称赞秦兵马俑是世界第八奇迹。1987年12月，联合国教科文组织已将秦始皇陵（包括秦俑坑）列入世界文化遗产名单。

㉔彩陶艺术是从西方传来的吗？

所谓彩陶，是一种烧前绘彩的陶器。彩陶不是来自遥远的西方，而是在黄河流域的黄土高原上土生土长出来的，可以陕西华县元君庙等地发现的老官台文化遗址为证。老官台文化遗址发掘的彩陶，是一种在红褐色陶器上绘以棕红色彩的彩陶，年代还在以彩陶著称距今五六千年的仰韶文化之前一千年左右，它开创了黄河流域新石器时代彩陶艺术的先河。一位英国著名考古学家在研究了我国黄河流域新石器时代的彩陶装饰艺术以后指出："在这里，我们又一次看到了不仅是陶器装饰艺术，而且是书法艺术和绘画艺术的一个悠久传统。"黄河流域是世界上的彩陶发祥地之一。

㉕你能举出沿黄各省区一些著名的石窟吗？

沿黄省区的主要石窟如：云岗石窟、龙门石窟、炳灵寺石窟、麦积山石窟、须弥山石窟和敦煌莫高窟等等。其中云岗、龙门、麦积山、敦煌号称我国四大石窟。

云岗石窟坐落在山西大同西面 16 公里的武周山北崖，依崖开凿，东西绵延 1 公里。现存主要洞窟 53 个，造像 5 万余尊，大部分为北魏兴安二年(453 年)至太和十九年(495 年)凿琢而成。被人称赞为"雕刻奇佛，冠于一世"。

龙门石窟坐落在河南洛阳城南 13 公里的香山、龙门山间，自北魏迁都洛阳(公元 494 年)之时开凿，历北朝、隋、唐至宋，历代营建不绝，仅北魏和唐代大规模营建即达 150 年以上。经过几百年无数艺术巨匠的精心雕凿，使龙门和香山之间，窟龛连属，多达 2 100多个。窟龛之中，又有碑刻 3 600 块，全山造像达 10 万余尊。另外，龙门石窟作为佛教艺术的奇观，还有独具特色的数千块碑刻，其中不仅有抄经写经僧徒的手笔，也有唐代大书法家褚遂良等人的杰作。

麦积山石窟，位于甘肃省天水市东南天水县。这里有洞窟 194 个，石雕、泥塑 7 200 尊，壁画 1 300 多平方米。塑像塑造的时间从后秦至清代，历经 10 多个朝代，约 1 500 年。黄河第一大支流渭河流域的许多文物古迹,是历史上东西方文化交流的结晶。麦积山石窟,就是这种文化交流的一个著名的硕果。

炳灵寺石窟坐落在甘肃永靖县城南石积山下的黄河右岸,始建于十六国西秦时期(公元385年~431年),全部窟龛凿成于西秦到唐以前。石窟群的规模远比云岗、龙门和莫高窟要小,现总计存有窟龛183个,岩石造像694尊,泥塑82尊,壁画900平方米。然而炳灵寺石窟的地位却非同凡响,由于地处河西,中国僧人西行求法多经此地,因此窟中往往留有求法僧的遗迹。在第169窟中,保存有晋代高僧法显西赴印度时在这里留下的墨书真迹,其题记年代为西秦建弘元年(公元420年),这是国内石窟题记中最早的纪年。炳灵寺石窟集西秦至唐数百年雕塑、绘画艺术于一处,并大量吸收了西域和印度的佛教美术,表现出西北佛教文化的特色。

敦煌莫高窟,位于甘肃敦煌城南25公里处的鸣沙山崖壁上。开凿于前秦,鼎盛于隋唐,宋以后仍有人凿补。现存窟龛492个,彩塑2 415尊,壁画45 000平方米。这些开凿千余年的石窟佛龛及其精美的塑像、奇异的壁画,使莫高窟的佛教艺术驰誉五洲。但是,清光绪二十六年(1900年)打开第16号窟窟壁发现的一个封闭千年的新窟,内藏大部分珍贵文物流散到了国外。敦煌莫高窟是我国规模最大、艺术价值最高的佛教石窟,现已被联合国教科文组织列入世界文化遗产名单。

须弥山石窟,位于宁夏回族自治区固原县西北50多公里六盘山北端的须弥山东麓,分别置于当地群众称之为大佛楼、子孙宫、圆光寺、桃花洞等处的崖壁上。石窟开凿的确切年代已无从稽考,从石窟形制和造像风格上判断,大约开凿于北魏中晚期。至唐代止,须弥山石窟先后修有洞窟132座,大小石雕造像315尊,佛龛113个,其中保存较完整的有20余窟。还保存有唐、宋、明各代残存的彩塑、壁画、建筑遗址以及汉、藏、西夏三种文字刻制的碑石，是国内开凿最早的十大石窟之一。

㉖我国第一座佛教寺院是哪座？

洛阳白马寺被称为我国第一座佛教寺院，因汉使和外僧回洛阳时以白马驮经像而得名。始建于东汉明帝永平年间。因建筑最早，其格局仿效印度的祇园精舍而建成，与后来黄河流域的佛教寺院有差别。汉代的白马寺作为佛教中心，起到了推动佛教在中国内地传播的重要作用。中国第一部汉文佛经《四十二章经》就是由摄摩腾和竺法兰在这座寺院中译出的。昙柯迦罗在白马寺译出的《僧祇戒心》，使中国产生了第一部汉文戒律。

㉗塔尔寺是一座什么样的寺院？塔尔寺“三绝”各指什么？

塔尔寺，藏语称“衮本”，意为“十万佛像”。位于青海湟中县鲁沙尔镇西南隅。始建于明嘉靖三十九年(1560 年)，是我国喇嘛教格鲁派六大寺院之一，也是我国西北地区佛教活动的中心，并在全国和东南亚一带享有盛名。

塔尔寺“三绝”，指酥油花、壁画和堆绣。

酥油花：相传公元 641 年，文成公主与吐蕃赞普松赞干布联姻时，当地佛教徒为表示尊敬，在公主从长安出发时带去的一尊佛像前供奉一束酥油花，后在西藏成为习俗。其后传到塔尔寺。每年春节前几个月，酥油花艺人们便将纯净的白酥油，糅以各色石质矿物染料，塑造成各种佛像、人物、花卉、树木、飞禽、走兽、宗教故事、人间天上生活及神话故事等，造型生动，形象逼真，工艺细致精巧。每年农历正月十五日灯节会上将做好的酥油花展出，一年一度，成为寺内盛会。

壁画:或直接绘于墙上,或绘于栋梁上,最多的则是绘于布幔之上,悬挂或钉在墙壁上。壁画染料采用石质矿物,色泽绚丽,经久不变,是塔尔寺壁画特有的一大长处。每年 6 月观经会上,将十数丈长的大佛像在山坡上高高挂起,谓之晒佛,围观瞻仰者常达数万人。

堆绣:用各色绸缎剪成各种形状,塞以羊毛、棉花之类的充实物,在布幔上绣成具有明显立体感的佛像、佛教生活故事、山水、花卉、鸟兽等。其形象生动活泼,跃然于布幔之上,堪称能工巧匠艺术之佳作。

㉘统万城在哪里？它为什么变成了一座废墟？

统万城是十六国时夏国的都城,位于今陕西省靖边县红柳河北岸。十六国中叶,匈奴铁弗部刘卫辰为魏所败,其少子刘勃勃南逃投降后秦,秦王姚兴对他很器重,遂命为安北将军,使镇朔方。勃勃掌握兵权后即与后秦反目,于公元 407 年自立为夏王,不久南下攻取秦属岭北诸城,又西吞南凉,从此一跃成为十六国之一。公元 413 年勃勃改姓为赫连,同年,以 10 万人筑都城。他说:“朕方统一天下,君临万邦,可以统万为名。”统万城即由此定名。

统万城在长时间内是北方的重镇之一。此后北魏、西魏、东魏和隋、唐曾在这里置镇、州、郡。北宋初为党项人李继迁占据称西夏。公元 994 年,因西夏军队常以此城为依托侵扰北宋,宋太宗下令毁掉统万城,并将城内居民迁走。统万城修筑时,当地还是水草丰美,但到九世纪,统万城一带已成了流沙遍野的沙区。

㉙你能简述一下“昭君出塞”的故事吗？黄河边两座王昭君的坟墓，它们各在哪里？

王昭君，名嫱，西汉南郡秭归(今湖北省兴山县)人，西汉元帝时被选入宫。竟宁元年(公元前33年)匈奴呼韩邪单于入朝求和，“愿婿汉氏以自亲”。王昭君为了民族和睦，自请出塞和亲，此即历史上有名的“昭君出塞”。元帝为纪念这次和亲，还把年号改为“竟宁”，取和平安宁之意。自此双方友好相处达60年之久。

昭君墓位于内蒙古自治区呼和浩特市南郊9公里大黑河南岸的冲积平原上。墓冢高33米，墓区占地3万多平方米，冢顶伫立着一座青瓦红柱、六角攒尖凉亭。据传，每到秋凉霜冷，塞外草枯叶黄时，独昭君墓上草色青青，故昭君墓又有“青冢”之称。

在内蒙古达拉特旗境内还有一座昭君坟，是后人为纪念王昭君而修筑的。

㉚黄河中游两岸有两个著名的回音建筑，它们各是什么建筑？

一座是莺莺塔，在黄河东岸山西省永济县的普救寺内。塔呈平面方形，十三级，高约50米，在塔的四周击石或鼓掌，塔身可发出蛙鸣般的回声，人称“普救蟾声”。莺莺塔是我国著名的回音建筑之一，该塔原为舍利塔，因《西厢记》故事在此产生，后人怀念莺莺而得名。

一座是宝轮寺塔，位于黄河南岸河南省三门峡市西。宝轮寺塔原为陕州城内宝轮寺的寺塔，始为唐僧道秀所建。公元1177年僧人智秀重建，寺早毁，唯塔独存。塔呈平面方型，十三级，高26.5米。该塔风格典雅，结构坚实，历经16次地震仍基本完好。在塔四周叩石或击掌，都能听到“咯、咯……”蛙叫声，所以当地俗称“蛤蟆塔”。它同北京天坛回音壁、山西省永济县普救寺莺莺塔合称我国的三大回音建筑。

㉛我国最大的关帝庙在哪个省哪个市？

山西运城市的解州关帝庙，是全国最大的关帝庙。位于山西运城以西 25 公里的解州镇内，为纪念三国时蜀国大将关羽所建。解州东南 10 公里常平村是关羽的原籍，故解州关帝庙是武庙之祖。创建于隋开皇九年（公元 589 年），宋、明时曾扩建和重修，清康熙四十一年（1702 年）毁于火，经 10 余年始修复，现庙坐北向南，总面积 1.8 万平方米，内外古柏苍翠，百花争艳。平面布局分南北两部分，南为结义园，北部为正庙，分前后两院，布局严谨，规模完整，建筑以春秋楼和崇宁殿最为精致。

㉜我国最高的木结构塔在哪个省哪个县？

山西省应县木塔是我国现存最古老最高大的重楼式木结构塔，本名佛宫寺释迦塔，因塔身全部是木结构，故俗称应县木塔。应县木塔坐落在应县城内西街佛宫寺内，距大同市 70 公里，辽清宁二年（1056 年）建。现存的牌坊、钟鼓楼、大雄宝殿及左右配殿，都是清人重建，唯木塔是辽代原构，整个塔内没有一根铁钉拉结，全靠木构互相拉角、勾心。据修于清代的《应州志》记载，从金元到明朝先后经过 7 次大地震，特别是元顺帝时，大震 7 天，塔仍巍然不动，稳如盘石。

木塔高 67.13 米，底层直径 30 余米，塔呈八角形，有 5 个明层，4 个暗层，共 9 层。整塔建在 4 米高的两层石砌台基上，内外两槽立柱，构成双层套筒式结构，为我国高层木结构的代表作，在中国建筑史上和世界建筑史上都具有重要的地位。

应县木塔既是辽代统治者宣扬佛法的场所，又是古代作战的瞭望台。

㉝我国已发现100多处岩画，其中最大的一处在黄河流域，它是什么岩画？

阴山岩画是迄今发现的最大的一处。阴山位于内蒙古中部、河套以北。1976年夏天，两位考古学家盖山林、陆思贤到阴山以北考察汉代长城遗址，在罕乌拉口发现了一幅人面形群像岩画，这幅岩画刻成时间距今已有4 000年左右。后来，盖山林和蒙古族向导一起在千里阴山奔走，先后发现了1万多幅岩画，其中已有1 500幅被拓描下来。阴山岩画题材各异，内容丰富，反映了古代猎牧人的社会生活、科学文化、意识形态等，堪称一个规模宏大的民族美术文化宫。

㉞黄河上最大的龙王庙在哪里？

黄河上最大的龙王庙在河南省武陟县城东南13公里处的二铺营乡杨庄村南，距黄河3公里，名嘉应观，俗名庙宫。系清雍正皇帝为祭祀河神而修建的黄、淮、沁诸河龙王庙，也是黄河上最大的龙王庙。

雍正皇帝即位前，黄河在河南武陟等地多次决口。刚刚亲政的雍正皇帝屡下谕旨，亟发帑金，塞决筑堤，整顿河弊。在塞决及筑堤取得显著成效后，雍正皇帝下诏大兴土木，命河臣于武陟修建龙王庙一座，以祭祀并祈求河神的佑助。嘉应观历时4年建成，耗白银288万两，占地2万多平方米，规模宏伟，建筑精致，各种殿宇沿中轴线进深排列，是豫北少有的清代宫式建筑群。

㉟在中国的七大古都中，有几座古都在黄河流域？它们是哪几座？

中国的七大古都一般指北京、南京、西安、洛阳、开封、杭州、安阳。其中西安、洛阳、开封、安阳在黄河流域。

西安有西汉、前秦、西魏、北周、隋、唐等朝建都于此。洛阳有东周、东汉、曹魏、西晋、元魏、隋（炀帝）、武周、后梁、后唐先后定都于此，历史上素有“九朝古都”之称。开封有五代时期的后梁、后晋、后汉、后周以及北宋建都于此，后梁称东都，后晋、北宋称东京，金代自宣宗后立都于此，称南京，为我国著名古都之一，特别是北宋定都后，历经九帝共 167 年，开封城达到了空前繁荣，成为百万人的大都市。安阳为殷代都城遗址，在安阳小屯村殷墟，曾出土大批甲骨文，为盘庚迁殷到纣亡 273 年的遗物，是研究商周社会历史的重要资料。

㊱函谷关在哪里？道家之祖老子与它有何关系？成语“鸡鸣狗盗”与它有什么关系？

函谷关，在今河南灵宝市东北农涧河畔王垛村。战国时属秦，因关在谷中，深险如函而得名。它西依华山，北拒黄河，护卫秦川，是战国时秦国的东关，地势险要。

道家之祖老子在周代末年曾到此，受到守关令尹喜的欢迎并在此著《道德经》五千言。

战国时期齐国的孟尝君（田文）广揽人才，门客众多。秦昭王听信谗言，要扣留孟尝君。孟尝君门客中有能狗盗者，偷来狐白裘献给秦昭王的宠姬，为孟尝君求解脱，秦昭王释放了孟尝君。他连夜逃到函谷关，但关门按规定应在鸡鸣时开，他的门客中有人学鸡叫，引得四围鸡都大叫，关吏就开门放行。秦人追来时，孟尝君已脱身出关了。史籍上留下了这个典故，传下“鸡鸣狗盗”一词。

㊲晋祠在哪里？有何著名的古迹名胜？

晋祠位于山西省太原市西南25公里悬瓮山下晋水发源处。祠区山清水秀，殿阁巍峨，是自然山水与古建筑相融合的著名胜地。祠始建于北魏前期，系后人为纪念周武王次子叔虞而建。虞施政有方，民强国富，因境内有晋水改国号为“晋”，后人因此以晋名祠。郦道元《水经注》记载：“际山枕水，有唐叔虞祠。”唐叔虞祠，即今晋祠。北宋天圣年间，追封唐叔虞为汾东王，并为他的母亲邑姜修建了规模宏伟的圣母殿。

圣母殿是晋祠主殿，雄伟壮观。难老泉系晋水主要泉源，泉水清澈见底，游鱼可见，是晋祠自然风光的精华所在。圣母殿北侧还有引人注目的周柏，树高10余米，向南倾斜，披覆在圣母殿之上，与地面成45°斜角，900多年前已称古柏。周柏、难老泉及圣母殿内43尊宋代侍女塑像被誉为晋祠“三绝”。

1961年国务院公布晋祠为全国重点文物保护单位。

㊳少林寺始建于何时？它为何会有“天下第一名刹”的美誉？

少林寺在河南登封市城西北15公里的少室山北麓五乳峰下，取其“少室之林”而得名。始建于北魏孝文帝太和十九年（公元

495年)，虽历代屡有兴废，至今仍风景壮丽，建筑宏伟，墓塔林立，并保存了唐代以来的碑碣石刻300余品，是闻名中外的一座宝刹。

少林寺声名远播，主要因它有与众不同的两大特点：一是少林寺为禅宗发源之地。北魏孝昌三年(公元527年)，印度僧人菩提达摩在此始建禅宗，面壁9年，故历史上称他为初祖，称少林寺为祖庭；二是这里乃少林武功首创之所。唐初，少林寺和尚辅佐唐太宗开国有功，至今白衣殿内还保留着“十三和尚救唐王”的壁画，从此僧众常习拳术，并独立成派。历来以禅宗和武术著称于世，享有“天下第一名刹”之美誉。

㊴《孙子兵法》的作者是谁？他的家乡在哪里？

《孙子兵法》的作者是春秋时的兵家孙武。孙武字长卿，齐国人。

孙子故里经专家考证，认定在今山东省广饶县境。

㊵孔子和孟子的故乡各在哪里？

儒家称孔子为“至圣”，称孟子为“亚圣”。孔子的故乡在山东曲阜，孟子的故乡在山东邹县，两地相距很近。孔子出生在曲阜的尼山，因此孔子名丘，字仲尼，孔子是儒家的创始人。曲阜城内现有孔庙、孔府和孔林。孔庙是历代封建王朝祭祀孔子的地方，全庙共有殿堂阁房466间，南北长1公里多，总面积327亩，号称“天下第一庙”，与北京故宫、承德避暑山庄并称中国三大古建筑群。孔府旧称“衍圣公府”，北宋至和二年(公元1055年)，宋仁宗赐给孔子46代孙孔宗愿以“衍圣公”的封号，徽宗时又封世袭衍圣公，“衍圣公府”是历代“衍圣公”嫡长子孙居住的地方，俗称“孔府”。孔府共有楼房厅堂463间，院落9进，面积240亩，由于孔家显赫的家族声势和宏大的府第建筑，孔府又被称为“天下第一家”。孔林也叫至圣林，最初墓地只有1顷，2 400多年来，孔子后裔及孔氏族人多埋葬于此，历代帝王又不断赐地，到清康熙年间已扩大到3 000亩，有古树2万多株。

孟子及其思孟学派被后人誉为孔子正宗嫡传。现在邹县也有孟庙、孟府和孟林。孟庙院落5进，有殿宇64间，占地60余亩；孟府现存院落4进，有殿堂116间；孟林至清康熙时已扩大到5 800多亩。

㊶老子是一个什么样的人物，他最著名的作品是什么？

老子（约公元前580～公元前500年），姓李，名耳，字伯阳，春秋末楚国苦县（今河南省鹿邑县）人。他的著作《道德经》写于河南灵宝的函谷关。关令尹喜对他仰慕已久，二人一见如故，彻夜长谈。尹喜恳请老子把自己的思想和学说写下来，老子便在此写成了分为上下两篇共5 000多字的著作，全面阐述了他关于道德的见解。老子被后世尊称为道家学派的创始人。

㊷《诗经》是一部什么样的书，其中的作品主要产生于哪里？

《诗经》，先秦时称为《诗》，是我国最早的诗歌总集，儒家的重要经典，因共收三百余篇作品，又称《诗三百》或《三百篇》。所收作品上起西周初年（公元前11世纪），下至编辑成书的春秋中期（公元前6世纪），前后历经500多年。流传至今的作品有305篇，另有6篇笙诗（属小雅部分）有题无诗。大部分是今陕西、甘肃、山西、河南、湖北北部、江苏北部等地的民歌，小部分是贵族作品，主要产生在黄河流域以及部分江汉流域。《诗经》早在春秋时已广泛流传，分风、雅、颂三大类，开创了中国现实主义文学和诗歌的优良传统，是中国现实主义文学之源。在国际上，已有日、朝、法、德、英、俄等文的译本流传。

㊸司马迁是哪里人，他为什么被称为“中国史学之父”？

司马迁，字子长，西汉左冯翊夏阳（今陕西韩城）人。幼年曾随任太史令的父亲定居京城长安，遍读史书。20岁时司马迁开始周游全国，元封三年（公元前104年），他袭父职继任太史令，又饱览皇家的藏书与档案。太初元年（公元前104年），司马迁开始撰写长篇巨著《史记》，五年后因替李陵兵败之事作辩解，触怒汉武帝而遭受宫刑，但他仍笔耕不辍，忍辱含愤，终于在公元前90年前后完成《太史公书》，后称《史记》。全书分为12本纪、10表、8书、30世家、70列传，共130篇，52.65万字，系统叙述了从华夏祖先黄帝到汉武帝太初年间约3 000年的中国历史。《史记》是中国第一部纪传体通史，开后世纪传体编史之先河，语言文字优美，叙事简明扼要，对后世史学和文学的发展影响巨大，被鲁迅先生誉之为“史家之绝唱，无韵之离骚”，司马迁也由此被后世史家尊崇为“中国史学之父”。

㊹司马光是什么人？他的主要著作是什么？他的家乡在哪里？

司马光（1019年～1086年），北宋名臣，史学家，字君实，号迂夫，陕州夏县涑水乡人（今山西夏县），世称涑水先生。司马光自幼聪敏过人,孩提时以石击瓮破水救顽童的故事(即司马光砸缸的故事)世代相传。元丰八年(1085 年)任宰相。政治上他反对王安石变法,力主祖宗之法不可变。史学上他致力于通鉴的编撰。治平三年(1066 年)撰写战国至秦的八卷,宋英宗命设局续修,宋神宗时赐书名《资治通鉴》。成书历时 19 年,上起周威烈王二十三年(公元前 403 年),下迄五代后周显德六年(公元 959 年),贯穿1 362年的史事,为中国古代著名的编年体史籍。除《资治通鉴》外,还有《司马文正公集》等著述。

司马光墓在山西省夏县小晁村北,墓前有宋代所立“宋故赠尚书司马府君墓表碑”和明立“忠清粹德碑”。

㊺“诗圣”杜甫是哪里人?

杜甫(712 年~770 年),字子美,河南巩县瑶湾村人,唐代著名的现实主义诗人。杜甫一生,经历了唐王朝由盛转衰的变革时代,创作颇丰,写出许多不朽的篇章。他的诗内容深刻,感情强烈,千古流传。作品有《奉先咏怀》、《春望》、《北征》、《茅屋为秋风所破歌》、《闻官军收河南河北》、《秋兴八首》以及著名的“三吏”、“三别”等。

㊻韩愈是什么人?为什么称他为“唐宋八大家”之首?

韩愈是唐代文学家、哲学家,河南河阳(今河南孟县南)人,与柳宗元同为古文运动的倡导者。其散文在继承先秦、两汉古文的基础上,加以创新和发展,气势雄健,旧时列为“唐宋八大家”之首。所作《原道》、《原性》,强调自尧舜至孔孟一脉相传的道统,维护儒家的传统思想;又认为人性有上、中、下三品之分。但在《师说》中,却又承认“人非生而知之者”，并提出“弟子不必不如师，师不必贤于弟子”的合理见解。其诗力求新奇，以文入诗，有时流于险怪，对宋诗影响颇大。

47 王羲之是哪里人？他为什么被称为“书圣”？

王羲之(321年～379年，一作303年～361年)，东晋书法家，字逸少，琅邪临沂(今属山东)人。出身贵族，官至右军将军、会稽内史，人称“王右军”。因与王述不和辞官，定居会稽山阴(今浙江绍兴)。工书法，早年从卫夫人(铄)学，后改变初学，草书学张芝，正书学钟繇，并博采众长，精研体势，推陈出新，一变汉魏以来质朴的书风，成为妍美流便的新体。其书备精诸体，尤擅正、行，字势雄强多变化，为历代学书者所崇尚，影响极大。书迹刻本甚多，散见宋以来所刻丛贴中。行书保存在唐代僧人怀仁集书《圣教序》内最多。草书有《十七帖》等。真迹无存，唯有唐人双钩廓填的行书《姨母》、《奉橘》、《丧乱》、《孔侍中》及草书《初月》等帖。

48《清明上河图》是一部什么样的美术作品？

《清明上河图》是北宋著名画家张择端绘制的大型写实风俗画卷，举世闻名。图长528厘米，宽24.8厘米。画面展示了当时东京城的壮丽和运输量最大的汴河繁荣景象，反映了800多年前这座城市活生生的川流不息的一个侧影。跃入眼目的棋盘式街道结构，街巷平直，十字交叉，透过它我们可以生动形象地看到当时“人口上百万，富丽甲天下”的东京城，及其水上大动脉汴河两岸人群熙熙攘攘，繁忙于生产、生活和商旅活动的状况。世态与人群，都被此画表现得淋漓尽致，它可以称得上是中国美术史上最杰出的现实主义作品之一。

㊾李白的诗里有许多写黄河的名句，你能举出两个例子吗？

“君不见黄河之水天上来，奔流到海不复回！”这是李白《将进酒》一诗的首句，诗句写出了黄河源远流长，一泻千里，浩荡东去的气势，堪称千古名句。“黄河落天走东海，万里写入胸怀间。”这是李白《赠裴十四》诗中的句子，此句写出了万里黄河的雄姿神韵，成为千古传诵的黄河佳句。

“西岳峥嵘何壮哉，黄河如丝天际来。”这是李白《西岳云台歌送丹丘子》一诗的首句，诗句把黄河和华山放在一起写，展现出一幅山雄水秀的壮丽画面。

㊿“欲穷千里目，更上一层楼”中的“楼”指的是哪座楼，它在哪里？

“欲穷千里目，更上一层楼”是唐代诗人王之涣《登鹳雀楼》一诗中的句子，全诗为“白日依山尽，黄河入海流，欲穷千里目，更上一层楼。”这个“楼”就是鹳雀楼。据清乾隆年间《蒲州府志》附图形式可知：楼似塔形，下粗上细，高三层，因经常有鹳雀栖住而得名。

鹳雀楼原址在山西蒲州城，蒲州城原在涑水入黄河处。蒲州城与鹳雀楼早已被黄河冲毁殆尽，荡然无存。

51“羌笛何须怨杨柳，春风不渡玉门关”这句诗中提到了一个黄河流域最古老的民族，你知道这是哪个民族吗？

羌族。羌族的历史可以追溯到四五千年前的传说时代。传说我们中华民族的始祖之一炎帝,就是一位著名的羌人首领。原始社会末期,羌族与中原的黄帝族在长期的包括发生战争的往来中,一部分逐渐与黄帝族融合了,形成了活动于中原地区的华夏族,成为中华民族的主体民族。

㊾赵匡胤黄袍加身从而开辟北宋王朝的地点在哪里?

赵匡胤黄袍加身在河南省封丘县陈桥村。陈桥原是古代开封以北第一个驿站,因赵匡胤在这里策动兵变而著名。

公元 960 年,后周皇帝柴宗训年仅 7 岁,统率禁军、掌握兵权的殿前都点检赵匡胤在"主少国疑"的情况下,与其弟赵光义及谋士赵普、石守信、高怀德等策划,借北汉与辽联合南侵、奉命率兵北上澶州抵御之际,行至陈桥策动兵变,黄袍加身。于是赵匡胤回师开封,迫后周小皇帝柴宗训禅位,建立宋朝,史称北宋。

如今陈桥镇尚有"宋太祖黄袍加身殿"、"系马槐"及有关碑刻,可供游览。

㊿北宋五大名窑中有 4 座都在沿黄河地区,他们是哪 4 座?

北宋的制瓷业有很大发展,不论是产量还是制作技术,都比前代有很大提高。在瓷器上雕画花纹,使宋瓷不仅是生活日用品,而且成为精致的工艺美术品。宋瓷大量运销国外,是当时的重要输出品。烧造瓷器的窑户,遍布全国各地,所造瓷器各具特色,产生了北宋五大名窑,即官窑、钧窑、汝窑、定窑、哥窑。其中官窑(河南开封)、钧窑(河南禹县)、汝窑(河南临汝)、定窑(河北曲阳)均在沿黄地区。

㊿④西夏王陵为什么被称为“中国的金字塔”?

西夏王陵位于距宁夏银川市约30公里的贺兰山东麓。东西宽约4公里,南北长约10公里,在约40平方公里的范围内,随地势坐落着西夏陵园9座和陪葬墓70余座。每座陵园都是一个单独的完整建筑群体,形制大体相同。每个陵园占地面积均在10万平方米以上。陵园仿唐代特别是仿效北宋诸陵的形制,同时又保留有西夏独特的建筑风格,是西夏文化和汉族传统文化相结合的产物。其独特的民族特色,主要表现在陵台等方面。

陵台在我国古代陵园建筑中,一般为土冢,起封土作用,而西夏王陵则不同。首先,西夏王陵的陵台位置设置在墓室垂直线后部大约10多米的地方,根本起不到封土作冢的作用,这在唐宋诸陵中是没有的;其次,西夏王陵的陵台以夯土筑成平面呈正八角形的高台,高达16.5米,从下至上分为7层,逐级内收,每层收分处出檐木结构,并挂有瓦当。夯土台外部砌砖包裹。陵台无疑是一座密檐式的7层实心塔形建筑。陵台建成塔式,在中国的陵园建筑中是很独特的。如今,遗存的这种独特古朴而又神秘的塔式陵台,被外国友人称为“中国的金字塔。”陵台建成塔式反映西夏帝王笃信佛教的信息。

55“一代天骄”成吉思汗的陵园坐落在哪里? 为什么在这里建陵园?

成吉思汗陵园坐落在内蒙古伊克昭盟伊金霍洛旗甘德尔敖包圪台上。伊金霍洛是蒙语,汉意为“主子的园陵”,即成吉思汗的陵寝。

1227年,成吉思汗在出征西夏途中突然病故。传说在他死后的第二天,拉战车的神驼(白骆驼)和成吉思汗原来骑的白马,都跑到成吉思汗陵前并排站在那里。一会儿成吉思汗的白马用头碰地而死，丞相把成吉思汗的衣服、帽子、宝剑等物，用香熏过之后，放在一只七宝箱里，让神驼拉上，在沙漠里走了47天后，到了一块平漠洼地，任凭送葬的人们怎样拉、怎样赶，神驼再也不走了，官员们只好就地祭奠、祷告。这时大汗的宝剑突然飞走，大汗的衣服、帽子放出奇彩。大汗的臣民认为大汗喜欢这里，便把那个七宝箱葬此，并派人守护。那块平漠洼地即现在的伊金霍洛，七宝箱即成吉思汗的银棺。

成吉思汗陵寝在历史上曾有多次迁移。抗日战争中成吉思汗灵柩先移甘肃兴隆山，后迁青海塔尔寺；新中国建立后，中央人民政府政务院应鄂尔多斯蒙古族人民一致要求，将成吉思汗灵柩迁回伊金霍洛故地，并拨出巨款在此建起新的陵园。整个陵园占地4万平方米，由刻着“成吉思汗陵”五个大字的宽大牌坊和浑似三朵大蘑菇的蒙古包式的大殿等组成，具有典型的蒙古民族特有的艺术风格。大殿中央塑有成吉思汗坐像，两廊精工彩绘成吉思汗生平事迹壁画，堂后寝宫安置黄色蒙古包四座，供奉成吉思汗夫妇的灵柩。远近蒙古族及其他各族人民每年都来此参加公祭盛会。

56“愚公移山”的故事发生在哪里？

发生在王屋山。王屋山是愚公的故乡，愚公移山的故事因《列子》的记载和毛泽东在《愚公移山》中的引用而家喻户晓。

雄伟秀丽的王屋山位于河南西北部济源县城西北45公里处，东依太行，西接中条，北连太岳，南临黄河。因“山形如王者车盖”，故称王屋山。王屋山绝顶海拔1 715.7米，相传为轩辕黄帝祈天之所，名曰“天坛”。传说中的“愚公移山”的地方在王屋山之阳，这是一条从王屋山主峰延伸下来的南北走向的大山梁。山梁西面为愚公村，东面是小有河，愚公村的人每天要绕过山梁到小有河去取水，愚公便带领他的子子孙孙决心挖掉它。现在这条大山梁中间，确实断开一条很大的山口，远远看去，真似人工开挖的一样。

57你能举出黄河流域九个省区的省府城市各自著名的三个古迹景点吗？

青海省会西宁：①塔尔寺，位于湟中县鲁沙尔镇，离西宁市 20 多公里，是我国喇嘛教格鲁派六大寺院之一。②瞿昙寺，位于乐都县瞿昙乡，离西宁市 80 多公里，是我国西北地区保存较完整的明代建筑群之一。③北禅寺，在西宁市北山，初建于北魏明帝时期，是青海最早的宗教建筑。

四川省会成都：①杜甫草堂，在成都市西郊浣花溪畔，是唐代大诗人杜甫成都故宅旧址。②武侯祠，在成都市南郊，西晋末年为纪念诸葛亮而建；③望江楼，在成都市东部，锦江南岸，因有唐代才女薛涛遗址而闻名。

甘肃省会兰州：①五泉山，在兰州市南部，因有甘露、掬月、摸子、惠、蒙五泉而得名。②白塔山，在兰州市北部，因山上有白塔而得名。③黄河铁桥，旧名镇远桥，在兰州市白塔山下。初为浮桥，1907 年改建为铁桥，是黄河上的第一座铁桥。

宁夏首府银川：①西夏王陵，在银川市西约 30 公里的贺兰山下，是西夏历代帝王陵墓的所在地。②小滚钟口，在银川市西的贺兰山上，是著名游览胜地。③海宝塔，在银川市北郊。相传为夏国王赫连勃勃重修。

内蒙古首府呼和浩特：①昭君墓，位于呼和浩特市南郊的大黑河南岸。②五塔寺，在呼和浩特市旧城内。③万部华严经塔，又称白塔。在呼和浩特市东郊，原为古代丰州城一座佛教寺院的藏经塔。

山西省会太原:①晋祠,位于太原市西南 25 公里悬瓮山下晋水发源处。②双塔寺,在太原市东南郊,为太原的标志。③纯阳宫,在太原市内,建筑错落,景色秀丽。

陕西省会西安:①半坡遗址,在西安市东郊浐河东岸,是黄河流域一个典型的原始社会母系氏族公社村落遗址。②大雁塔,在西安市南的慈恩寺内,是为安置玄奘由印度带回的佛经而建造的。③终南山,在西安市南 40 多公里处。

河南省会郑州:①黄河游览区,在郑州市西北 25 公里处,紧临黄河。1952 年 10 月 31 日,毛泽东主席曾上小顶山眺望黄河。②少林寺,在郑州西南 80 多公里的嵩山五乳峰下。③花园口,在郑州市北 17 公里处。明吏部尚书许某在此修建花园,方圆 540 余亩。后此地成为黄河渡口,名“花园口”,1938 年 6 月,国民党军队为抵抗日军,“以水代兵”,在此炸毁黄河大堤,河水泛滥,使豫东、皖北、苏北的千里沃野变成“黄泛区”。

山东省会济南:①大明湖,在济南旧城北部,由珍珠泉、芙蓉泉、王府池等多处泉水汇成,湖面 46.5 公顷,出小清河流入渤海。②趵突泉,在山东济南市西门桥南约 0.5 公里处,名列济南 72 泉之首,为古泺水发源地。趵突泉东有李清照纪念堂。③千佛山,古名历山,在济南市南约 2.5 公里处。

58 汾河汇入黄河处有一座什么祠和什么楼?它们分别因何而名?

汾河汇入黄河处有一座后土祠,祠后部有楼名秋风楼。

后土祠位于山西省万荣县城西南 40 公里黄河东岸庙前村塬上,汾河从塬北端环绕入黄河。西汉后元元年(公元前 163 年)建祠。

传说地皇女娲氏——后土圣母娘娘，是炎黄的祖先，自黄帝“扫地为壇于▮上”始，几千年来历代帝王到这里祭祀后土。因此，清乾隆十九年（1754 年）编修的《蒲州府志》称后土祠为“海内祠庙之冠”。祠后部有秋风楼，高 32.6 米，为清光绪元年（1875 年）重建，共 3 层，十字歇山顶。楼的东西两向各雕横匾，东曰“瞻鲁”，西名“望秦”。凭栏远眺，黄河尽收眼底。楼上第三层存《秋风辞》碑石，《秋风辞》系武帝所作，为元大德年间镌刻。

㊾黄河边最大的铁牛阵是何时在哪里发现的？它的作用是什么？

蒲津桥铁牛，原放置在古蒲州（今属山西省永济县境）蒲津黄河浮桥的两端，共 8 尊，东西相向，对偶成伍，作为牵拉浮桥链索之用。

蒲津是秦晋间重要的渡口，自秦昭襄王起，历代都时断时续地在此架设浮桥，名蒲津桥，以沟通秦晋之间的交通。黄河铁牛于唐开元十二年（公元 724 年）架设浮桥时所铸，距今已有 1 200 多年的历史。每尊铁牛长 3.3 米，高 1.2 米，重约 15 吨。

由于黄河摆动，流路变迁，浮桥早已不存，铁牛也埋没于泥沙之下。1989 年，经当地有关部门勘探挖掘，终于在东岸永济县境黄河滩地 6 米多深的泥沙中挖出 4 尊。它是研究古代黄河桥梁建设的重要实物资料。

㊿中国太极拳的故乡在哪里？

中国太极拳的故乡在河南省温县城东的陈家沟。

明末，陈家沟的陈王庭依据祖传之拳术，汲取诸家拳路之长，结合太极阴阳之理，参考中医经络学说及导引、吐纳之术，创立了一套具有阴阳性质、刚柔相济的太极拳和太极推手，融强身健体与斗敌防卫于一体，使内功拳的研练从此步入新的境界。

1981年，陈家沟建起一座太极拳学校，至今已开办100多期学习班，培训遍及全国各地的学员2万余人次。1985年陈家沟建起武术馆。1993年，陈家沟举办了全国太极擂台交手赛，1994年又举办了首届陈家沟太极拳国际锦标赛。陈氏太极拳得到普遍推广。如今北京、上海、南京等地均成立了“陈氏太极拳研究会”，并举办了许多太极拳辅导站。

随着国际上武术交往的日益频繁，拳师出国及外国人来陈家沟拜师学艺在陈家沟已司空见惯。

61 围棋起源于哪里？

山西社会科学院副研究员杨晓国经过多年探索研究，认为围棋起源于山西省陵川县的棋子山，这一研究被誉为世界围棋史研究的重大突破。在范围数十平方公里的棋子山发现了大量的天然“棋石”。“棋石”的黄黑颜色及扁圆形并有一面或两面凸起的外观都符合棋书对围棋子的描述；棋子山上还发现两个古岩洞，一洞中有清康熙年间镌刻的记述棋事的石碑，一洞顶壁保留着古时围棋盘图案。古书《世本·作篇》中有“尧造围棋，丹朱善之”的记载，尧及其长子丹朱在棋子山周边都有踪迹，与陵川县相邻的长子县传说就是因为尧封长子丹朱得名。陵川另一邻县高平县有以丹朱命名的丹河，而丹河的两支流之一的泫河就发源于棋子山。这些发现都表明围棋的起源地很可能就是陵川的棋子山。

62 中国象棋盘上的“楚河汉界”是指什么地方?

“楚河汉界”指的是河南省荥阳市黄河南岸广武山上的鸿沟。沟口宽约800米,深达200米,是古代的一处军事要地。西汉初年楚汉相争时,汉高祖刘邦和西楚霸王项羽仅在荥阳一带就爆发了“大战七十,小战四十”,因种种原因项羽“乃与汉约,中分天下,割鸿沟以西为汉,以东为楚”,鸿沟便成了楚汉的边界。现在鸿沟两边还有当年两军对垒的城址,东边是霸王城,西边是汉王城。

63 黄河流域有许多古战场,你能举出几处吗?

牧野古战场:在今河南省卫辉市北,商朝时是都城朝歌的近郊。商朝末年,周武王讨伐殷纣王时曾在这里誓师,一举攻入朝歌,迫使纣王自尽,结束了商朝600年的历史。这就是历史上著名的牧野之战。

崤山古战场:在今河南省洛宁县西北。春秋争霸时期,本有联姻关系的秦晋两国,由于都想当霸主,一直明和暗斗。晋文公死后,由争夺郑国而矛盾公开,晋襄公在秦军的必经之路崤山埋伏下重兵,将有300辆战车的秦军全歼。这就是历史上著名的崤山之战。

巨鹿古战场:在今河北省平乡县。秦朝末年,陈胜、吴广揭竿起义,被秦章邯大军打败,章邯接着又镇压了项梁率领的另一支起义军,然后攻打赵国,并占领了赵国首都邯郸。赵王退守巨鹿,向齐、燕、楚等国求援,楚王派出两路兵马,一路由刘邦率领直接进攻秦都咸阳;一路由宋义率领北上救赵。因宋义胆小,途中被次将项羽夺去兵权,项羽即率军直扑巨鹿,九战九捷,大破秦军,章邯向咸阳请求援兵,把持朝政的赵高为了篡夺国家大权,不仅不派救兵,反而向秦二世说章邯的坏话,章邯受责,进退两难,最后只好向项羽投降,巨鹿之战遂告结束。巨鹿之战是秦末农民起义推翻秦王朝统治的决定性一战,“逐鹿中原”这一著名成语即由此而来。

昆阳古战场:在今河南省叶县。西汉末年,王莽夺汉室皇位,为巩固统治,公元23年,王莽派40万军队包围了由刘玄率领的农民起义军占领的昆阳,农民起义军只有8 000多人,双方兵力十分悬殊。但起义军在太常偏将军刘秀的巧妙指挥下,打败了新王朝的军队,起义军光打扫战场就用了一个多月的时间。昆阳之战,是中国历史上著名的以少胜多、以弱胜强的战例。

官渡古战场:在今河南省中牟县东北。公元200年,“挟天子以令诸侯”的曹操基本占据了中原,便开始与强敌袁绍较量。袁绍的10万大军从邺出发进攻许昌,曹操率1万多人进驻官渡迎敌,因双方力量悬殊,曹操采取避实就虚,声东击西的战术,两次小胜袁军。袁绍自恃兵多,率大军直逼官渡要与曹操决战,曹操坚守官渡,袁绍无法前进,两军相持半年之久。后曹操采纳袁绍的谋士的建议,率精兵5 000偷袭了袁绍的粮仓,袁绍气急败坏,要去偷袭曹操的大本营,结果受到早有准备的曹军的两面夹击。最后将袁绍的10万大军消灭得只剩800余人。这就是著名的官渡之战。

64 你能说一说楚汉战争的梗概吗?

楚汉战争是刘邦和项羽争夺封建统治权的战争。公元前206年,秦亡后,项羽自立为西楚霸王,封刘邦为汉王,又划地分封了17个王。后来刘邦乘项羽出击齐地的机会,攻占关中,并继续东进,占领项羽的根据地彭城(今江苏徐州)。项羽军事上处于优势,回军大败刘邦。刘邦联合各地反对项羽的力量,和项羽在荥阳、成皋(在今河南荥阳)间相持。同时,又派韩信攻占赵、齐等地,使项羽两面受敌。公元前203年,双方约定以鸿沟为界,东属楚,西属汉。次年,刘邦乘项羽撤兵的机会全力追击,并约韩信、彭越合围。项羽败退至垓下(今安徽灵璧南),不久在乌江(今安徽和县东北)自杀。于是刘邦即帝位,建立汉朝。

㉟蒙古族为什么信仰白色?

在漫长的历史长河中,蒙古族曾一度过着逐水草而居的游牧生活,受大自然的恩赐形成了他们的白色思维观念和民族心理。蒙古人认为白色为万物之母,象征他们心地纯朴,洁白无瑕。白色还表示高尚、吉祥、万福,不允许玷污和亵渎。所以在蒙古族的历史、文化、风俗、法律、语言、衣、食、住、行乃至宗教的诸多方面,白色都占有极其神圣的地位。蒙古族最隆重的节日是"白节"(相当于汉民族的春节),节日里男女老少皆穿白衣,互赠白色衣物;蒙古族的饮食亦以"白色食品"为主,包括奶豆腐、酸奶、奶酪、奶油、奶皮、奶酥、奶果、奶酒等等;蒙古族自古就供奉"八白宫",这八白宫包括成吉思汗、成吉思汗义夫人、盛放白马奶的檀香木奶桶、成吉思汗遗留的弓箭与弓套、成吉思汗八白后代的一匹马、蒙古族各种历史文献及珠宝玉器的宫帐等八样神物;蒙古族还把白马当作神马崇敬……这种白色崇拜一直延续至今。草原、畜群凝聚着蒙古族先民和他们子孙后代源远流长的民族感情,蒙古族人民世代栖息于草原,对提供衣食之源的土地有着特别崇仰而依恋的感情,因此,对天地赐于他们的白色世代景仰,世代崇拜。

㊱中国最大的姓氏是"李",据测算,李姓占了全世界总人口的1/60,你知道李姓的根源在哪里吗?

李姓是当今中国第一大姓,它的起源经历了以官职命氏到以树名命氏的过程。相传帝少昊的后裔皋陶担任帝尧时的大理(掌管刑狱诉讼的官),其子孙世袭大理职务,历经虞、夏、商三代,被称为理氏。商末,理征因得罪纣王被处死,其妻儿在逃难中“食木子得全,遂改理为李氏,……家于苦县(今河南鹿邑县)”。春秋时代的老子李耳即出生于苦县。李耳的9世孙,因在外地做官、定居而分出两支:一支是李崇,任陇西守,为陇西房;一支是李玑,为赵郡(今河北境)房。西汉时李氏有一支迁往今山东境,后又有李氏族人陆续徙居西南川、滇一带。至魏晋南北朝时,李氏已是全国大姓,为中原四大名门望族之一。但总的来讲,唐以前李氏主要在北方发展。

公元618年,出身于关陇贵族的李渊建立唐朝,李氏成为国姓。唐太宗时修《氏族志》,以李姓为宇内姓氏之冠,并规定天下李姓皆以陇西为“郡望”。唐初对归降的显赫之士及助李渊、李世民打天下的文臣武将多赐从李姓,李姓人口达到空前发展,李氏宗族更加庞大,并分封全国,陇西堂号布满各地。尤其是经过安史之乱、黄巢起义及五代战乱,李氏更多南迁至福建、广东等地。约在明初,李氏始有徙居海外者。如今李氏在国内分布极为广泛,1992年6月,甘肃省委、省政府为弘扬李氏文化,批准修复“陇西堂”;其后陇西县成立了陇西文化研究会。在海外,李氏几乎遍及全世界,主要分布在朝鲜、越南、新加坡、马来西亚、印度尼西亚、菲律宾、泰国、缅甸、美国、英国、德国、加拿大、澳大利亚、毛里求斯等国家。

中国历史上,李姓称帝者多达60余人,而古往今来的李姓名人则灿若群星,不胜枚举。

67 黄河流域有一个“宰相村”,历史上共出过59位宰相,这个村在哪里?

“宰相村”在山西省闻喜县礼元镇裴柏村。裴柏村裴氏家族,源起远古时期的有熊氏,佐殷伐桀,佐周伐纣,屡建奇功。后加封于闻喜,更姓裴。秦汉以后1 000多年中,裴氏家族一个村庄里出了1 000多位名人,其中宰相59位、大将军59位。《中国人名大辞典》录入裴氏名人达150人之多。裴氏家族人才辈出,或文臣、或武将,代代相济,史有盛名,实属罕见。1986年闻喜县专门成立了"闻喜裴氏研究会"。

⑥⑧水浒英雄好汉占据的梁山在哪里?

水浒英雄好汉占据的梁山就在山东省梁山县城东南。梁山本名良山,因西汉文帝之子梁孝王曾围猎于此,死后葬于山麓,故易名梁山。这一带有古巨野泽,约在公元10世纪中期,黄河在滑州决口,此地洪水聚积,黄水与来自泰山的汶水汇合,环抱梁山,又与梁山之南的巨野泽汇蓄,形成了古梁山水泊,广袤达800里,有"八百里梁山泊"之称。北宋宣和年间,宋江在此聚众起义,直至最后接受招安。这段史实后经施耐庵创作成名著《水浒传》,水泊梁山由此扬名天下。

不过,早在金代黄河南徙之后,这烟波浩瀚的梁山泊渐次被黄河泥沙淤浅。明代以后,黄河北岸筑起长堤,梁山泊水源又被截断,到清初,偌大的梁山泊终于成为平陆,如今只剩下兀突突一座盛满《水浒》故事及其遗迹的梁山了。

梁山由虎头峰、雪山峰、郝山头、青龙山等四个主峰及七支余脉组成,海拔197米。

⑥⑨宋代民族英雄岳飞是哪里人?他曾写下一首千古流传的词是什么?

岳飞,字鹏举,宋朝著名的抗金将领,中国历史上杰出的民族英雄。公元1103年生于河南省汤阴县,从小就刻苦习文练武,准备报效祖国。当北方的金国入侵时，岳飞毅然让母亲在后背上刺了“尽忠报国”四个字，而后别家从军。岳飞因作战勇敢，迅速得到提升。由于朝廷昏聩，奸臣误国，宋都开封到底被金兵攻破，宋康王赵构逃到临安(今浙江杭州)建立南宋小朝廷，并同金国订立了屈辱的和约。不久，金国背叛了盟约，由金兀术率几十万大军大举伐宋，宋朝廷命岳飞去抵御。岳飞率军在河南郾城大败金兵主力，收复淮河以北广大地区，正待反攻汴京尽收失地，宋高宗、秦桧却连令岳飞退兵。岳飞回到临安后反被解除兵权，遭诬入狱，公元1142年1月27日以莫须有罪名被害。宋孝宗时恢复官爵，谥武穆；宋宁宗、宋理宗时先后追封鄂王，又谥忠武。岳飞的词《满江红》因强烈的爱国主义精神、高昂的人生斗志和深刻的寓意、壮丽的文采而千古流传。现在河南省汤阴县城内西北隅建有岳飞庙，以备后人缅怀这位民族英雄。

70“洛阳纸贵”由谁而起？

因左思而起。左思是西晋文学家，相貌很丑，言语木讷，却颇有文才。他曾用一年时间写出《齐都赋》，又准备为三国时魏、蜀、吴的三个都城作《三都赋》。因是无名之辈，遭到当时也想写《三都赋》的著名文学家陆机的嘲讽，陆机扬言要用左思的《三都赋》来盖老酒瓮。

左思为写好《三都赋》，曾拜访对三都山川比较熟悉的人，又请教担任掌管图书经籍的秘书郎，甚至在他家的房内、院内、门庭乃至厕所都安放纸笔，偶得妙句便随时记在纸上，这样整整用了十年功夫，终于写成《三都赋》。然而因左思不是名人，许多人对他的《三都赋》报以讥笑。左思并不气馁，前去拜访德高望重的名士皇甫谧。皇甫谧读完《三都赋》，大加赞赏，并为之作序，后来又有名人为之作注，并写序文。

这样一来，左思名声大震，原先讥笑过他的人，也都恭恭敬敬地对《三都赋》称赞不已。洛阳豪贵之家竞相传抄，一时竟使洛阳纸张空前紧张，纸商趁机抬高价钱，“洛阳为之纸贵”。扬言要用左思的《三都赋》盖老酒瓮的陆机，读了《三都赋》之后，不禁大为叹服，自知无法超越左思，就没再作《三都赋》。

后用“洛阳纸贵”称誉著作风行一时，流传很广。

71“三教九流”一词在古代是指什么，你知道“三教”指什么，“九流”又是指什么吗？

“三教九流”一词在古代是形容学术流派的，三教是指儒教、道教和佛教，九流包括儒家、道家、阴阳家、法家、名家、墨家、纵横家、杂家、农家。三教称得上是具有极大力量的宗教，而九流才真正是古代的学术流派。

72黄河流域有哪些主要戏曲剧种？

黄河流域有许多戏曲剧种，主要的戏曲剧种有豫剧、曲剧、晋剧、川剧、秦腔、山东梆子、吕剧、陇剧等。

豫剧，也叫“河南梆子”、“河南高调”，新中国成立后称“豫剧”，流行于河南以及陕西、甘肃、山西、河北、山东、江苏、安徽、湖北、青海、西藏、新疆、天津等地。豫剧传统剧目有650多种，著名剧目有《穆桂英挂帅》、《唐知县审诰命》、《红娘》、《花木兰》、《朝阳沟》等。

曲剧，流行于河南及湖北西北部，前身为曲艺“河南曲子”，于1926年经地摊、高跷阶段进入戏曲舞台。又有南阳曲子（大调曲子）和洛阳曲子（小调曲子）之分。传统剧目有200多个，著名剧目有《陈三两》、《卷席筒》等。

晋剧，流行于山西中部，以及内蒙古、河北、陕西的部分地区，晋剧一般指“中路梆子”，它和蒲州梆子、北路梆子、上党梆子并称“山西四大梆子”。中路梆子渊源于蒲州梆子，清道光、咸丰年间已盛行。新中国成立后定名“晋剧”。传统剧目有《打金技》、《卖血劈门》、《小宴》、《刘胡兰》等。

川剧，流行于四川全省及云南、贵州部分地区，包括外省传入的昆腔、高腔、胡琴、弹戏和四川的灯戏五种声腔艺术，原先各种声腔均单独在四川各地演出，清乾隆以来，由于经常同台表演，逐渐形成共同的风格，清末时统称“川戏”、后称“川剧”。著名剧目有《柳荫记》、《情探》、《秋江》、《拉郎配》、《夫妻桥》、《江姐》等。

秦腔，流行于陕西、甘肃、宁夏、青海、新疆等地。源于陕甘一带的民间曲调和宋金元的铙鼓杂剧，形成于明代中叶。曾受昆腔、弋腔、青阳腔的影响，以梆子击节，音调高亢、激越，长于表现雄壮、悲愤的情绪。秦腔在陕西分为四路，共有传统剧目4 700多个。

山东梆子，也叫“高调梆子”、“高梆”，流行于山东菏泽、曲阜以及河南、河北的部分地区。菏泽古称曹州，故也曾叫“曹州梆子”，是秦腔或晋剧传入山东以后所形成，约有300余年历史。传统剧目有400多个，《两狼山》、《墙头记》等影响较大。

吕剧，流行于山东以及江苏、安徽、河南的部分地区，是从说唱的琴书发展而来。1900年前后搬上舞台。传统剧目有《王定保借当》、《小姑贤》等，著名剧目有《李二嫂改嫁》等。

陇剧，流行于甘肃省。源于甘肃东部环县一带的皮影戏“陇东道情”，于1958年借鉴秦腔、眉户等剧种的表演艺术而搬上舞台，定名“陇剧”。

73“花儿”在黄河上游哪个地区，指的是什么？

“花儿”是流行于甘肃、宁夏、青海的一种山歌。是当地汉、回、土、撒拉、东乡、保安等族的口头文学形式之一。在青海又称“少年”，对其中的词称“花儿”，演唱称“漫少年”。声调高亢舒长，即兴编词。内容分抒情、叙事两类，前者居多。通常为独唱或对唱形式，旧时属于情歌之类的“花儿”，只在山野歌唱，并须回避长辈。新中国成立后，颂歌、劳动歌等均广泛采用“花儿”形式。

74《走西口》是怎么产生的？

《走西口》是晋西北一带流行的一种名叫“二人台”的民歌中的一段小曲。“二人台”起源于山西省河曲县，流传于晋西北、陕北、冀西北和内蒙古西部一带。在封建社会，由于这里天旱地薄，加上封建统治阶级的层层盘剥，老百姓不得不背井离乡，经过山西北部的杀虎口，翻过长城，到察哈尔、绥远等地，即今河套、后山一带垦荒。因杀虎口位于长城的另一个通道口——张家口的西面，故称“西口”。当地人把从杀虎口进入内蒙古地区叫“走西口”。“河曲保德州，十年九不收，男人走口外，女人挖苦菜。”这首民谣是当时晋西北人民贫困生活的真实写照，“走口外”就是走西口。清咸丰五年，当地人创作了《走西口》这首小曲。小曲的内容是反映山西大旱灾后，太青和玉莲这对新婚夫妇为生活所迫忍痛分离时的无限悲苦和深厚感情。如今，晋西北已是旧貌换新颜，它以独特的地理优势，成为晋陕蒙三省区的商业流通要道，昔日走西口的悲惨生活已成为永远的过去，人民用辛勤的双手，创造了一曲曲的新“走西口”！

75《东方红》一歌的作者是谁？起唱于哪里？

《东方红》一歌的作者是陕西北佳县张家庄的民间歌手李有源。李有源生于1903年，1955年病故。幼时的李有源曾在本村接受启蒙教育，后到县城读高小。他聪明勤奋，不仅功课学得好，画画、弹琴样样都会，是学校的活跃分子。后因家庭生活困难，辍学回家,但仍挤时间刻苦读书,为他日后创作歌词打下较为扎实的语文功底。

《东方红》这首歌,是从一首纯粹的陕北情歌,发展成为歌颂党的领袖的颂歌。当时陕北有首传统情歌《谁也不能卖良心》,后经填新词而成《骑白马》。1942年冬天的一个清晨,李有源起个大早,挑着粪桶去县城掏粪,一边走,一边哼着陕北流行的《骑白马》曲子。走上一个小山坡,只见一轮红日刚刚升在东山之巅,万道霞光照亮了山川、田野和村庄。李有源心里一动,激起创作的欲念,当晚写出歌词:

东方红,太阳升,中国出了个毛泽东,
他为人民谋生存,他是人民的大救星。

山川秀,天地平,毛主席领导陕甘宁,
号召军民开山林,咱们边区遍地红。

三山低,五岳高,毛主席治国有功劳,
边区办得呱呱叫,老百姓颂唐尧。

李有源将写好的歌词拿给在村里担任秧歌队领头人的侄子李增正看。李增正被深深吸引,加紧练唱。在1943年春节,张家庄的秧歌队上县里表演,李增正第一次唱出了《东方红》,即刻在县城引起轰动,并随即在全县传唱起来。一年后,张家庄有70多人在边区政府的组织下移民到延安,开展大生产运动。作为移民队副队长的李增正,带领移民沿途又唱起了《东方红》,米脂、绥德、清涧、子长,一直唱到延安。后经修改加工,《东方红》终成旷世名曲,被唱出了延安,又唱过了黄河,唱遍了全中国。

76《黄河大合唱》是谁于哪一年创作的？

《黄河大合唱》由冼星海作曲，光未然作词，1939 年作于延安，全曲由 8 个乐章组成，以黄河两岸人民抗日救国的英勇斗争为题材，歌颂祖国的伟大和人民的勤劳勇敢，塑造了中华民族巨人般的形象。音乐气势磅礴，强烈地反映出时代精神，并具有鲜明的民族风格。

77延安为什么被称为革命圣地？

1935 年 10 月，毛泽东等同志率领中央红军到达陕北吴起镇，现称吴旗县。在陕北领导全国抗日战争、解放战争，转战、生活了 13 个春秋，其中 1937 年到 1947 年这 10 年间一直在延安。中共中央在延安领导了中国革命，毛泽东等同志在延安为中国革命制定了正确的路线、方针和政策，延安成为指引中国革命从胜利走向胜利的灯塔，成为全国人民向往的革命圣地，延安宝塔山上的宝塔，成为革命圣地延安的象征。当年毛泽东等同志工作、生活过的旧址凤凰山、杨家岭、枣园、王家坪等，如今都成为著名的革命教育基地和旅游胜地。

78“藐视黄河，就是藐视我们这个民族”是哪位伟人说的？

这一名言是毛泽东同志说的。党中央在指挥解放军取得宜川大捷之后，决定东渡黄河到华北去。1948 年 3 月 23 日，中央机关从吴堡县川口村过河，一共有十几条木船，毛泽东上了第一条船，周恩来、任弼时上了第二条船，陆定一和胡乔木等人上了第三条船。船至中流，巨浪杂夹着磨盘大的冰决汹涌咆哮，冰块撞击木船发出惊心动魄的砰砰声，小木船忽而跃上浪尖，忽而沉落波谷。面对此情此景，毛泽东心潮澎湃，沉思良久，深深地感叹道：“你们可以藐视一切,但是不能藐视黄河,藐视黄河,就是藐视我们这个民族……"

⑲红军二万五千里长征的胜利会师处在哪里?

在陕北保安县的吴起镇。1934 年 10 月,中共中央领导的红军开始长征,至 1935 年 10 月,由党中央和毛泽东率领的中央红军,连续突破敌人在会宁与静宁之间及平凉、固原之间设置的最后两道封锁线,翻过六盘山高峰,于 19 日到达陕北保安县的吴起镇,与刘志丹领导的陕北红十五军团胜利会师。至此,中央红军的长征历时整整一年,经历了 11 个省,长驱二万五千里,翻过终年积雪的高山,越过人迹罕至的草地,进行战斗 300 多次,击溃几十万敌军的围追堵截,战胜无数道艰难险阻,实现了历史上从未有过的战略大转移,终于取得长征的伟大胜利。

⑳刘邓大军过黄河是什么时候在哪里过的?

1947 年 6 月 3 日,刘伯承、邓小平率领的中国人民解放军晋冀鲁豫野战军 12.6 万人,在鲁西南的东阿至东明 150 公里之间的黄河沿线上,击溃对岸国民党军的黄河防线,渡过黄河。刘、邓二位首长及野战军司令部是从位于台前县南 6 公里的孙口渡口渡过黄河的。

渡河之后,刘邓大军又粉碎了敌人数十万大军的前堵后追,跨越陇海路、黄泛区、沙河、涡河、洪河、汝河、淮河等重重障碍,终于在 8 月末进入大别山区,拉开了中国人民解放战争战略反攻的序幕。

81少年英雄刘胡兰的故乡在哪个省哪个县?

刘胡兰的故乡在山西省文水县城东 17 公里的云周西村,东濒汾河,西接太汾公路。刘胡兰1946年参加革命,在云周西村积极领导群众投入土地改革和支援前线工作,同年加入中国共产党。1947年1月12日,山西军阀阎锡山的军队突然袭击云周西村时,刘胡兰不幸被捕。面对敌人的利诱、恫吓与铡刀,年仅17岁的刘胡兰大义凛然,英勇不屈,最后与同时被捕的6个农民一起惨死在敌人的铡刀之下。毛泽东得知刘胡兰的事迹后,曾在当时《晋绥日报》上为之题词:“生的伟大,死的光荣。”1957年在刘胡兰就义处建成刘胡兰纪念馆,并对外开放。

82“陕甘宁边区”诞生于何时?是在什么背景下诞生的?

陕甘宁边区原称陕甘宁革命根据地。共包括延安、鄜县(今富县)、甘泉、延川、延长、安定(今子长)、安塞、保安(今志丹)、靖边、神木、府谷、定边、栒邑(今旬邑)、淳化、环县、庆阳、合水、镇原、宁县、正宁、盐池、绥德、清涧、吴堡、米脂、葭县(今佳县)等二十余县。首府延安。1935年10月,中共中央和毛泽东率领的中国工农红军主力长征到陕北后,陕甘宁成为革命的中心根据地,并为中共中央所在地。1937年抗日民族统一战线建立后,陕甘宁革命根据地改名为陕甘宁边区,整个抗日战争时期,党中央一直在边区领导全国人民进行抗战。陕甘宁边区成了全国抗战的中心和敌后抗日根据地的总后方。

83“延安三鼓”是黄土高原的一朵艺术奇葩,除了安塞腰鼓之外,另两鼓是指什么鼓?

另两鼓是指宜川胸鼓、洛川蹩鼓。

安塞腰鼓是陕北最流行的鼓舞,它已有2 000多年的历史。

宜川胸鼓兴于汉唐时期，在民间，逢年过节，胸鼓的表演是最为火热的节目。胸鼓，鼓放在前胸，舞者头扎英雄巾，身背英雄花，男女合演。

洛川蹩鼓，蹩是蹦蹦跳跳的意思，故舞者都为健壮男性。蹩鼓是延安三鼓中最为威猛的鼓舞，表演时腹部扎一个扁圆大鼓，大槌击鼓，鼓声震天，鼓手双脚蹦跳，威武勇猛。

㊹黄河水体纪念碑是什么时候在哪里建成的？

1995 年 6 月 17 日，黄河水体纪念碑在黄河河口中心城市东营市落成。

黄河水体纪念碑是大型观念艺术作品《黄河的渡过》项目的主体部分之一，由旅美艺术家陈强创意策划。碑体高 2.5 米，厚 1 米，全长 790.3 米，中段由 1 093 个容积为 0.53 立方米的钢化玻璃小罐组成，罐内分别注入了从河源到河口每隔 5 公里为一段所取的 1 093 份水样，并标明取水点的经纬度，从西向东按黄河流程依次排列，构筑成一道举世无双的水墙，形成一条微缩的黄河。据陈强先生立意，这部作品像是一幅黄河的肖像，是一座关于中华民族、中华文化的纪念碑，也是关于人类生存、人类文明渡过规则的纪念碑。

㊺黄河流域有一座华夏西部影视城，你知道它在哪里吗？

华夏西部影视城是指宁夏银川西面贺兰山下的镇北堡。镇北堡是古代供守卫长城的军队驻扎和储备军需的兵营，现有新堡和旧堡。旧堡建于明弘治年间，曾被北面的鞑靼军队多次攻破；新堡其实只是对旧堡而言，它建于乾隆五年（公元 1714 年），离旧堡只有百余米远。镇北堡略呈长方形，东西长170米，南北宽150米，虽也荒凉破败，但在贺兰山下长城沿线兵营中仍算是最完好的，是一处具有较高文物价值的古迹。80年代初，著名导演谢晋在镇北堡拍摄的《牧马人》获得巨大成功。随后十几年来，这里又拍摄过《黄河谣》、《红高粱》、《边走边唱》、《一个和八个》、《老人与狗》、《五魁》等几十部影视片，成为中国最著名的影视外景地之一。

86 人类驾车飞越黄河壶口瀑布的壮举是谁于什么时候完成的？

是柯受良先生于1997年6月1日驾车飞越黄河壶口。柯受良出生在浙江宁波，3岁移居台湾，后在新加坡娶妻生子。44岁的柯受良先生，在宽达50米的黄河壶口瀑布，驾驶一辆日本三菱跑车成功地飞越了黄河，时间为1.58秒。早在1992年11月，柯受良先生曾驾驶摩托车成功地飞越了万里长城北京金山岭烽火台。在他的特技表演中，融入了他对中华民族的深情厚爱，而对长城和黄河的成功飞越，则给柯受良先生的飞车生涯画上了一个最圆满的句号。

87 人类全程漂流黄河的壮举发生在哪一年？

人类全程漂流黄河发生在1987年。

1986年，美国探险家要来首漂长江的信息，激起了中国热血青年的漂流热、探险热，为从外国人手中夺来对中国大江大河的“首漂”荣誉，带有强烈民族自尊心的中国漂流队员在完成对长江的全程漂流之后，于1987年6月又开始了带有浓厚悲壮色彩的黄河漂流。当时，河南黄河漂流探险队、北京青年黄河漂流探险队和安徽马鞍山黄河漂流探险队不约而同地开赴黄河源头,举行轰动一时的黄漂,并最终完成全程漂流黄河的壮举。

黄河300问

社会经济篇

❶黄河流域加上下游防洪保护区面积有多少，人口有多少，各占我国总面积与总人口的多大比重？

黄河流域加上下游防洪保护区面积91.5万平方公里，占全国总面积的近1/10；人口1.72亿，占全国总人口的15.1%。

❷黄河流经九个省区，你能说出这些省区的简称吗？

青海省简称青，四川省简称川，甘肃省简称甘，宁夏回族自治区简称宁，内蒙古自治区简称内蒙古，山西省简称晋，陕西省简称陕，河南省简称豫，山东省简称鲁。

❸夏商周时期，我国的主要经济区在哪里？

夏、商、周时期，奴隶制国家的统治中心均在黄河流域。今豫西、晋南、豫北和鲁西南部以及陕西的渭河流域，是当时全国的主要经济区。商、周时期的农业就已很发达，开始人工灌溉。农作物的种类很多，养蚕和丝织业已很普遍，手工业以冶铸青铜为主，陶器制作精细，商业已开始萌芽。长期领先的开发和积累，使之成为奴隶制王朝立国的基础。夏、商两代曾10多次迁都，但始终没有离开黄河两岸的谷地与平原地带。

❹春秋战国时期，黄河流域出现了哪些著名的商业城市？

春秋时的列国和战国的七雄仍主要集中于最古老的经济区——黄河流域。由于农业和手工业之间分工的加强，导致了交换的发达，居民中以商贩为业者占了很大比例。一些大的城邑往往成为交换中心，如周的洛阳、魏的大梁（河南开封）、韩的阳翟（河南禹州市)、齐的临淄(山东淄博附近)、卫的濮阳(今属河南)等黄河流域城市既是政治中心,又是有名的商业城市,《战国策》说“临淄之途,车毂击,人肩摩”,可见其繁华。

❺什么是“丝绸之路”?它的东端起自哪里?主要途经哪些地区?

丝绸之路是古代横贯亚洲的交通道路,亦称丝路。其主要路线:东端起自渭水流域,向西通过河西走廊,或经今新疆境内的两条西行的路线会于木鹿城(今马里),然后向西经和椟城(今里海东南)、阿蛮(今哈马丹)、斯宾(今巴格达东南)等地抵达地中海东岸,转达罗马各地。约自公元前二世纪以后千余年间,大量的中国丝和丝织品皆经此路西运,故称丝绸之路。其他的商品以及东西方各种经济和文化的交流,在整个古代和中世纪时亦多通过此路。丝绸之路的支线,亦有取道今新疆天山北面的通道及伊犁河流域西行者;亦有取道海路者,或经滇、缅通道再自今缅甸南部利用海路西运,或经由中亚转达印度半岛各港再由海路西运。丝绸之路在历史上促进了欧亚非各国和中国的友好往来。

❻全国经济中心何时从黄河流域南移?你能简要说出几个原因吗?

唐代中叶“安史之乱”期间,北方因屡受兵火洗劫,人口大规模南流。唐末五代,北方军阀战争长年不息,黄河河道更是屡次溃决,生产凋敝,土地荒芜,经济发展江河日下。北宋灭亡之后,南宋建都江南,导致经济中心进一步南移,从此黄河流域经济日趋衰落。

造成经济中心南移的原因主要有以下几个方面：

(1)自然生态环境的恶化造成黄河流域农业经济的衰退。

(2)战争的灾难使黄河流域经济备受摧残。

(3)自然经济长期占统治地位,交通极差,地区封闭造成黄河流域经济的萎缩。

⑦世界经济史学者把"晋商"与意大利商人相提并论,你能说出其中的原因吗?

山西人自古以来就有经商的传统。在明清两代,山西商人(史称"晋商")是国内三大商帮(晋帮、徽帮、潮帮)之首。世界经济史学者把山西商人与意大利商人相提并论,给予很高的评价。从绸缎、茶叶到当铺、钱庄,山西商人无所不经营,西至阿拉伯国家,东到日本,北到莫斯科,南至香港、加尔各答,山西商人足迹遍天涯。他们骄傲地自称:"凡是有麻雀能飞到的地方都有山西人。"

"善经营"被作为山西人的主要性格特质是同近代史上山西人(特别是晋中人)所从事的商业活动密切相关的。山西人有着悠久的经商历史并取得了辉煌成就。据考证,山西商人"明清时代是他们最为活跃的时期",而且"山西人经营的'山西票号',众所周知,直到清末民初,在中国金融界仍有相当雄厚的实力",并因此认为"中国人好比犹太人,而山西人更像犹太人"。历史上山西的知名商人很多,如清末民初祁县的乔家父子,民间曾有"先有复盛公(乔氏先辈),后有包头城"之说。民国以后,更有孔祥熙、南汉宸等著名理财能手。

❽近代商业家族——旧军孟家是从哪里发展起来的？共拥有过多少商号和其他企业？

“旧军孟家”是 19 世纪至本世纪前半期，在山东省章丘县北部旧军镇发展起来的一个庞大的商业家族。新中国成立前，曾经营过 96 家商号和其他企业，有绸布商店 50 家、茶叶商店 20 家，遍及中国东部，在天津、济南、青岛、北京、烟台等十几个大中城市，都有他们的商号。他们的商号多以“祥”字命名，主要有：瑞蚨祥、谦祥益、泉祥、隆祥、瑞生祥等。其中发展规模最大的当属经营瑞蚨祥商号一支，远近闻名。孟氏家庭的鼎盛时期，是在本世纪二三十年代。

❾你能从人口、人口增长率及文化水平几个方面简要分析一下黄河流域的人口状况吗？

黄河流域人口有着数量多、增长快、分布极不平衡、文化水平较低、结构不尽合理的特点。据第四次全国人口普查资料表明：

(1)黄河流域八省区（不包括四川省）人口数占全国人口数的 25.1%，而山东、河南两省人口占流域人口数的 59.7%，东部稠密、西部稀疏，分布极不平衡。

(2)由于人口基数大，加上少数民族地区、西部人口较少的省份人口政策略有灵活性，1982 年～1991 年的人口增长速度超过全国 0.9 个百分点。

(3)黄河流域地区在全国仍属于不发达地区，在业人员中具有大学水平的只占 2.3%，比全国低 0.1 个百分点；而文盲半文盲人数却占了 37.3%，比全国高 5.6 个百分点。青海、甘肃、宁夏三省区，在业人口中文盲和半文盲率高于 50%。

⑩河南、山东两省的人口总数分别在全国居于第几位?

在重庆直辖市成立后,由于减少了四川省的人口数量,使河南、山东两省的人口总数分别在全国居第一和第二位。山东、河南两省每平方公里的人口分别为539人和512人,远高于全国每平方公里119人的密度。

⑪黄河流域有哪几个自治区?最早成立的自治区是哪一个?

黄河流域有两个自治区:内蒙古自治区、宁夏回族自治区。内蒙古自治区成立于1947年,是我国最早成立的自治区。

⑫黄河流域内的贫困县有多少个?占全国贫困县的多大比重?

据1996年统计,黄河流域贫困县有126个,占全国贫困县的21.3%。

⑬什么叫大陆桥?与黄河密切相关的大陆桥是第几大陆桥?它东起哪里,西至哪里?途经中国的哪些省区?全长多少公里?在中国境内有多少公里?

"大陆桥"就是跨越大陆把两个大洋联结起来,以集装箱联运的铁路线。

世界上现有三条大陆桥:第一条是联结太平洋和大西洋的美国大陆桥;第二条是东起俄罗斯纳霍德卡港直至大西洋东岸,又称第一亚欧大陆桥。横跨黄河流域的大陆桥,是世界第三条大陆桥,也被称为第二亚欧大陆桥,我们通常简称"大陆桥"。它东起连云港，西至荷兰鹿特丹港。在中国境内经江苏、安徽、河南、陕西、甘肃和新疆6个省区。大陆桥全长10 356公里，在中国境内4 123公里。

⑭目前我国跨度最大的经济协作区——黄河经济协作区成立于何时，由哪些省区和单位组成？

黄河区域经济协作，从1988年5月在青岛召开第一次省区负责人会议，宣告我国跨度最大的经济协作区——黄河经济协作区成立。至今，黄河经济协作区的成员单位有新疆、青海、甘肃、宁夏、内蒙古、陕西、山西、河南、山东9个省（区）和水利部黄河水利委员会及新疆建设兵团。

⑮在中国共产党第十五次全国代表大会上的报告中，江泽民同志对我国中西部开发有何重要指示？

江泽民同志在讲到促进地区经济合理布局和协调发展时指出：中西部地区要加快改革开放和开发，发挥资源优势，发展优势产业。国家要加大对中西部地区的支持力度，优先安排基础设施和资源开发项目，逐步实行规范的财政转移支付制度，鼓励国内外投资者到中西部投资。进一步发展东部地区同中西部地区多种形式的联合和合作。更加重视积极帮助少数民族地区发展经济。从多方面努力，逐步缩小地区发展差距。各地要从实际出发，发展各具特色的经济，加快老工业基地的改造，发挥中心城市的作用，进一步引导形成跨地区的经济区域和重点产业带。加快改革投融资体制，完善国家产业政策，切实解决“大而全”、“小而全”和不合理重复建设问题。

⑯黄河流域现有耕地面积多少亩？耕作水平如何？土地资源潜力有多大？

黄河流域现有耕地1.79亿亩，占全国的12.5%。人均耕地约为全国人均的1.5倍，且中低产田占多数，林地、草原更为广大，蕴藏着巨大的生产潜力。据1993年资料，黄河流域人均占有粮食仅361公斤，比全国平均水平低47公斤；平均粮食亩产207公斤，较全国低120公斤，粮食产量占全国的比重小于人口所占比重。全流域还有宜于开垦的荒地3 000万亩，主要分布在黑山峡至河口镇区间的沿黄台地(约2 000万亩)和黄河河口三角洲地区(约500万亩)，是我国开发条件较好的后备耕地资源。另外，黄河三角洲、中下游滩地和水库库区还有大片滩涂地可供开发。随着流域人口的增长和经济的发展，基本建设用地不断增加，耕地面积逐年减少，今后除加强现有耕地保护和合理利用外，在不加重水土流失的前提下，有条件的地区还要有计划地开垦荒地。

⑰黄河流域是我国主要产棉区，你能说出几个主要的棉纺工业基地吗？

太原、宝鸡、西安、郑州、济南已成为我国棉纺工业基地，90年代初，这里的纺织品产量占我国的比重：纱为41.3%，布为25.7%。

⑱黄河流域的地下资源占我国地下资源多大比重？

目前黄河流域已探明的矿产就有130多种，其中有一半以上储量居全国之首，是世界上少有的富足资源区。有关专家估计，我国地下资源约值120万亿元，其中黄河流域占1/3。

⑲我国第一个石油化工基地在什么时间建成?

1977 年 1 月,我国第一个石油化工基地——山东胜利石油化工总厂建成。

⑳黄河流域有几大油田? 它们位于哪里?

黄河流域有胜利、中原、延长和长庆四大油田。胜利油田是我国仅次于大庆油田的第二大油田。位于山东省北部黄河入海口三角洲上,主要分布在东营、惠民、德州等地市的 16 个县(市、区)境内。该油田 1965 年在东营市打出了我国第一口日产千吨油井并正式投产。中原油田位于河南、山东两省交界处,横跨黄河两岸,包括河南的濮阳、长垣和山东省的东明等 12 个县(市)。该油田 1975 年打出第一口见油井,1979 年正式投入生产。延长油田和长庆油田同属陕甘宁盆地,已探明含油面积 1 000 多平方公里。

㉑我国的"黄金走廊"和"冶金谷"是指黄河流域的哪个地区?

以兰州为中心的黄河沿岸地区被称为我国的"黄金走廊"和"冶金谷"。镍、铂、钯、锇、铱、钌、铑等矿产资源的探明储量均居全国第一位;铅、钴、伴生硫储量居全国第二位;铬、钒、锑、碲、铊储量居全国第三位;铜、锌、硅石储量居全国第四位;金、菱镁矿储量居全国第五位。10 种有色金属产量占我国的 11%左右,其中,金川有色金属公司年产镍 2 万吨以上,占全国镍产量的 85%以上,是全国最大的镍生产基地,公司所在的金昌市也成了中外闻名的"镍都";以铜、铅、铝、锌冶炼和稀有化合物生产为中心的白银市,则是著称于世的"有色城"。

㉒我国第一座机械化湖盐场是在什么时间建成的，面积有多大？

1976年1月，我国第一座机械化湖盐场——宁夏吉兰太盐场建成，总面积120平方公里。

㉓稀土被称为“21世纪的资源”，你知道它主要分布在黄河流域的什么地区，储量占全国和世界总储量的百分之几吗？

稀土因与超导等高科技产业密切相关，被称为“21世纪的资源”。稀土是铈、钇等17种元素的总称。由于其奇特功能和越来越广泛的实用价值，稀土元素一问世便被罩上了神秘而高贵的光环，被人誉为现代工业的“维生素”、万能的“工业味精”，有了它，就能“点石成金”、“化腐朽为神奇”。单一纯稀土的性能各有不同，应用很广。如用于电子技术（磁性材料、荧光、激光材料等）、原子能工业、玻璃及陶瓷工业、石油化学工业、医学、农业等。在合金钢及铁合金中，掺入少量混合稀土金属后可以改善性能。

内蒙古河套地区的稀土矿储量高达1亿吨，分别占全国、世界总储量的97%和80%。草原钢城包头是我国最大的稀土工业基地。包钢出口产品中绝大部分为稀土产品。因而，这里也被人们称誉为“稀土之乡”，中国的“稀土谷”。

㉔我国八座规模巨大的炼铝厂，黄河流域有几座？它们分别在哪里？

黄河流域有4座，分别在河南的郑州，内蒙古的包头，甘肃的兰州和宁夏的青铜峡。

㉕我国第二大黄金生产基地在哪里?

黄河流域金矿主要分布在豫西灵宝等地,这里是我国第二大黄金生产基地。

㉖河南省矿产资源丰富,其中哪一种有色金属的储量居全国之首?

河南省栾川县5.5平方公里的范围内,钼金属储量占河南省储量的76%,居全国四大钼矿之首,是世界六大钼矿之一。

㉗我国钟表工业的发祥地在哪里?为什么它又被称为"果酒之城"?

我国钟表工业的发祥地在烟台市。烟台盛产苹果、葡萄,且酿造业、食品业发达,以苹果酒、葡萄酒闻名,所以又被称为"果酒之城"。

㉘黄河流域的钢铁工业基地有哪些?

钢铁工业作为基础工业,在黄河流域发展相当迅速。新中国成立以来,先后在靠近铁矿原料产地的包头、太原等地建成了钢铁工业基地,并在兰州、西安、济南、西宁、呼和浩特、石嘴山、临汾等地兴建了一批中小型钢铁厂。

㉙黄河三角洲有哪些资源优势?

(1)蕴藏丰富的油气资源。三角洲油气是中国东部沿海一线最重要的石油富集区，为建设能源、重化工基地展示了广阔的前景。

(2)广袤的土地资源。三角洲地域总面积5 400平方公里，人均占地7.5亩以上，为建设粮棉、林果、畜牧、水产基地和规划现代化城市提供了基础条件。

(3)辽阔的海洋资源。三角洲两面临海，海岸线长590公里，浅海面积达700平方公里。受黄河排水影响，海水中有机物多，饵料充足、鱼虾、蟹及贝类资源丰富，素有"东方对虾故乡"之美称，可建成我国最大的对虾、鱼、贝、藻养殖水产基地。

(4)优越的地理位置。处于环渤海经济圈与黄河流域经济带结合部，北临京津唐经济区，东接山东半岛经济开放区，隔海与日本列岛和朝鲜半岛相望，参与东北亚地区经济协作与交流十分便利。

(5)丰富的化工资源。黄河三角洲地下蕴藏着丰富的盐矿、卤水和二氧化碳气等化工资源，是至今发现的我国沿海地区最具有综合工业开发和利用价值的化工资源区域。

㉚沿黄省区内有两个卫星发射中心和一个卫星测控中心，它们分别在哪里?

两个卫星发射中心分别在甘肃酒泉和山西太原，卫星测控中心在西安。

㉛我国第一颗人造卫星是在什么时间、什么地方发射成功的?

1970年4月24日21点48分，我国第一颗人造卫星——东方红一号在甘肃酒泉卫星发射基地发射成功。当天,这颗卫星向全世界播送了《东方红》乐曲。

㉜西安是我国大西北高等院校集中的城市,你能说出几座著名的高等学府吗?

西安交通大学、西北大学、西北工业大学、西安美术学院、陕西师范大学等。

㉝目前世界上海拔最高的铁路是哪一条?其第一期工程是什么时间完工的?

青藏铁路是目前世界上海拔最高的铁路。计划东自青海西宁市起,经湟源、海晏、刚察、天峻、乌兰、德令哈、格尔木,翻越昆仑山及唐古拉山进入西藏自治区,再经安多、那曲、当雄至拉萨市,全长2 047公里。沿线海拔在3 000米左右,最高达5 000多米。

青藏铁路第一期工程已于1984年5月1日正式交付国家运营,年设计输送能力200万吨以上。它东起西宁西站,西到昆仑山下的新兴城市格尔木,全长834公里。

青藏铁路一期工程与兰青线相接,使祖国的"聚宝盆"柴达木和全国的铁路网联成一片。

㉞我国第一条电气化铁路在哪里,是什么时间通车的?

中国第一条电气化铁路是陕西宝鸡到四川成都的宝成铁路,全长676公里。电气化改造工程于1958年6月动工,1975年7月1日完工,全线正式通车。

宝成铁路始建于1952年7月,1957年12月建成通车。铁路纵贯我国西南和西北,沿线经过陕、甘、川3省的19个县市。1958年,国家决定对它进行电气化改造。全线实现电气化通车后,货物通过能力比电气化以前提高一倍以上,从而使这条通往祖国西南的咽喉要道改造成为先进的、高效能的运输大动脉。

35兰州到新疆的兰新铁路是什么时间通车的?复线工程是什么时间贯通的?

从兰州到新疆哈密的兰新铁路单线于1960年1月1日全线通车,通车里程1 315公里。

1994年9月16日,兰新铁路复线(兰州至乌鲁木齐)全线铺通。这条长达1 622公里的铁路复线全面投入运营后,使大西北铁路运输的“瓶颈”制约大为缓解。

36亚洲最大的铁路货车编组站是哪个站?全国最大的零担货物中转站是哪个站?全国最大的中转客运站又是哪个站?

郑州北站是亚洲最大的铁路货车编组站。郑州东站是我国最大的零担货物中转站。郑州火车站是我国最大的旅客中转客运站。

37目前黄河上最长的铁路桥是哪一座?最长的公路桥是哪一座?

目前,黄河上最长的铁路桥是1985年10月建成的新(乡)菏(泽)黄河铁路大桥,全长10.5公里。最长的公路桥是郑州花园口黄河公路桥，全长约 5.55 公里。

㊳青海省有些公路是用盐铺的，为什么？这些公路分布在哪个地区？

因青海省盐资源十分丰富，其中钠盐、钾盐、锂盐等储量居全国之首。特别是柴达木盆地，自然盐矿裸露于地表，为方便就地取材，当地人就用盐铺路。这些路主要分布在柴达木盆地。

㊴河南是我国哪几条铁路干线的交会处，交会点在哪里？

有 3 处。京广线与陇海线在郑州市交会；京九线与陇海线在商丘市交会；焦枝线与陇海线在洛阳市交会。

㊵山东半岛伸入渤海与黄海之间，海港密布，你能说出几个主要港口城市吗？

青岛市、烟台市、威海市、龙口市。

㊶在国务院批准公布的 62 座历史文化名城中，黄河流域有多少座？

黄河流域悠久的文明史，古老的文化，壮丽的河山，各种奇异的自然和人文景观，共同构成了万里黄河所独有的丰富旅游资源。在国务院批准公布的 62 座历史文化名城中，有 16 座位于沿黄各省，其中黄河流域独占 13 座。

㊷你能说出几个沿黄省区内的革命纪念地吗?

沿黄省区的革命纪念地最著名的有举世闻名的革命圣地延安,1923年“京汉铁路工人大罢工”纪念地——“二七”名城郑州,“生的伟大、死的光荣”的刘胡兰故乡山西文水县云周西村,西安市西安事变旧址,山西武乡县八路军总司令部旧址,山西繁峙、灵丘的平型关战役遗址,山西五台的白求恩模范病室旧址等。

㊸全国重点旅游城市中,沿黄省区占10个,你能说出其中的几个吗?

在全国52个重点旅游城市中,沿黄省区有太原、大同、呼和浩特、济南、青岛、烟台、郑州、洛阳、西安、兰州。

㊹我国旅游业的标志图案是什么?它的出处在哪里?

我国旅游业的标志图案是“马踏飞燕”。“马踏飞燕”是在甘肃省武威市出土的一件铜器文物,被确定为我国旅游业的标志图案。

㊺黄河流域有丰富的旅游资源,你能说出几个方面的几个景点吗?

黄河流域有丰富的旅游资源,可归纳为以下几个方面:

(1)山峡景观资源。名山主要有:日月山、积石山、贺兰山、六盘山、太行山、吕梁山、华山、嵩山、泰山等;名峡主要有:龙羊峡、积石峡、刘家峡、盐锅峡、八盘峡、桑园峡、红山峡、黑山峡、青铜峡、三门峡等。

(2)河湖瀑布景观资源。著名的支流有湟水、清水河、沁河、无定河、汾河、渭河、洛河、泾河等;湖泊有:扎陵湖、鄂陵湖、乌梁素海、东平湖等;位于晋陕峡谷中的黄河最大瀑布——壶口瀑布,是我国的第二大瀑布,它以神奇、壮观而闻名于世。

(3)沙漠草原景观资源。主要有腾格里沙漠、毛乌素沙地、青海河源沙区、内蒙古鄂尔多斯草原等。

(4)生物景观资源。青海河源地区、甘肃积石山地区、宁夏贺兰山脉、山西吕梁山等地有各种各样的奇鸟异兽、奇花异木。据不完全统计,截止到 1986 年底,黄河流域已建立了 22 处自然保护区,仅黄土高原地区就繁衍着几十种受国家保护的珍禽异兽。

(5)民族风情景观资源。如“回族之乡”宁夏的伊斯兰风情,鄂尔多斯草原蒙古族牧民的体育竞技那达慕大会和音乐歌舞,甘肃康乐县莲花山每年 6 月初的多民族花儿对唱会,以及陕北的信天游、安塞腰鼓等。

(6)文物古迹景观资源。黄河流域蓝田猿人的遗迹、大地湾古人类文化遗址、半坡遗址等世界闻名。位于黄河流域的中华民族始祖轩辕黄帝陵,“文坛泰斗”孔圣人之墓,秦始皇陵独享于全国古墓葬的第一、第二、第三号。骊山秦始皇兵马俑,被联合国教科文组织列为世界十大古代文化宝库之一。还有天水的伏羲庙、宝鸡的神农祠、西安的碑林、太原的晋祠、大青山的昭君墓遗迹、内蒙古伊金霍洛旗的“一代天骄”成吉思汗墓、米脂县李自成行宫、登封市嵩阳书院、巩义市宋陵古墓群等,均闻名于海内外。

此外,还有众多的宗教名胜和革命胜迹。

㊻黄河流域旅游资源的最大优势在文化方面，近年来，黄河流域各地围绕弘扬文化、开发旅游事业举办了许多文化艺术节，你能说出几个吗？

从1989年开始，每年9月26日至10月10日在山东曲阜举办的孔子文化节；

每年的七八月在内蒙古草原上举办的那达慕大会；1991年自治区那达慕大会决定，每年7月15日至8月15日为草原旅游节；

从1983年开始，每年4月在河南洛阳市举办的洛阳牡丹花会；

从1991年开始，9月份在河南郑州举办的国际少林武术节；

从1990年开始，每年9月陕西西安市举办为期七天的西安古文化艺术节；

每年清明节，在陕西黄陵县的黄帝陵举办隆重的黄陵祭祖活动；

每年农历正月十五的青海塔尔寺灯节；

每年农历六月六青海的歌会——五峰山“花儿会”；

从1991年9月起每年一度的泰山国际登山节；

每年4月1日至10日的山东潍坊国际风筝节等。

㊼你能举出今天人们所食用的多种水果中，有哪些源于黄河流域吗？

黄河流域气候、土壤及丰富的植物资源为果树的培育提供了有利条件。桃、杏、李、梅、枣、梨等水果，都源于黄河流域。

㊽古代黄河流域为中华民族畜牧业的起源和发展提供了有利条件,你能说出几种优良品种马的名称及其产地吗?

河曲马、伊犁马、三河马被称为我国三大名马。其中河曲马产于黄河上游河曲地区,三河马产于内蒙古呼伦贝尔盟三河地区。此外,产于黄河上游大通河流域的大通马也负盛名。

㊾黄河流域是中药材的重要产地,大约有多少个品种,占全国多大比重?

黄河流域是中药材的重要产地,有200多个品种,约占全国的1/3。

㊿你能说出几种黄河源区的特产吗?

高原无鳞鱼、冬虫夏草、贝母、大黄、熊胆、鹿角、蕨麻、蘑菇等。

51化隆县在哪里?为什么民谚说"化隆的青油满街流"?

化隆县位于青海省东部,地处黄河北岸。黄河在县境总流程151公里,有大片的肥田沃土,广阔富饶的草场,自古为游牧和农耕之地,现为青海重点农业县。主要产青稞、豌豆、洋芋和油菜,其中油菜自古为化隆的特产。化隆县我国西部最大的油菜生产基地之一,菜籽油大量向外输出,"化隆的青油满街流"也因此而来。

52宁夏"五色宝"分别指什么?

宁夏"五色宝"是指宁夏最著名的五种特产:红宝——枸杞,黄宝——甘草，蓝宝——贺兰石砚，白宝——滩羊二毛皮，黑宝——发菜(一种野生藻菌植物)。

53兰州有“瓜果城”的美称，你能举出几种兰州有名的瓜果吗？

兰州盛产白兰瓜、兰州瓜、苹果、百合、黑瓜子等。

54“山西老陈醋”中外驰名，哪里生产的“老陈醋”最反映“本色”？

山西老陈醋在我国与镇江香醋、浙江玫瑰米醋齐名，山西清徐县生产的老陈醋最反映本色。多用高粱、大麦、豌豆、小米、玉米为原料，加以特殊工艺酿制而成。

55关中“八百里秦川”是哪条河的冲积平原，你能说出关中的几种著名特产吗？

“八百里秦川”是黄河最大的支流——渭河冲积而成的平原。著名特产有渭南花生、宝鸡烟叶、韩城花椒、秦川牛、关中驴等。

56沿黄地区有两个牡丹之乡，它们在哪里？

“洛阳地脉花相宜，牡丹成为天下奇”。从隋炀帝建西苑，诏令天下进花卉，洛阳开始栽培牡丹，到唐代已誉满全国。

现在洛阳牡丹已发展到 370 多个品种，其中魏紫、姚黄、豆绿、墨魁、二乔、娇容三度等名贵品种数十个，植株 100 多万，品种为新中国成立前的18.5倍。1983年牡丹被定为洛阳市花，每年春天都举办牡丹花会，“花开长落二十日，一城之人皆若狂”，不负“洛阳牡丹甲天下”的盛名。

山东菏泽也有“牡丹之乡”的美称，据史书记载，该地栽培牡丹始于明嘉靖元年(1522年)，此后花色品种日多，遂有“曹州牡丹甲天下”之誉(菏泽古为曹州治所)。菏泽牡丹种植面积广大，每逢花期如云霞铺地，气势壮观，与洛阳牡丹相比，可谓各有千秋。

57“四大怀药”是什么，主要分布在哪些地区？

地黄、山药、菊花、牛膝被称为“四大怀药”，主要分布在河南省的温县、武陟、博爱、济源、孟县、沁阳、修武、获嘉等县市。

58阿胶是什么？“阿胶之乡”在哪里？

阿胶是用黑驴皮，以特殊工艺煎熬而成的一种中药，含有大量的胶原蛋白和多种氨基酸，且极易被人体吸收，药用价值极高。

山东东阿素称“阿胶之乡”，生产阿胶已有两千年的历史。

59你知道计划中到2050年，黄河流域仅陕、甘、宁、蒙四省区城市工业和工矿企业的产值将达到多少吗？是一个什么水平？

计划中到2050年，黄河流域仅陕、甘、宁、蒙四省区城市工业和工矿企业的产值将达到50 000亿元，基本上相当于我国90年代初期全国的工业总产值。

黄河300问

治理开发篇

❶历史传说中因治水有功而成为君王的人是谁？

传说在帝尧时期，黄河流域经常发生洪水。为了制止洪水泛滥，保护农业生产，尧帝曾召集部落首领会议，征求治水能手来平息水害。鲧被推荐来负责这项工作。鲧接受任务后，采用堤工障水，作三仞之城，就是用简单的堤埂把居住区围护起来以障洪水，九年而不得成功，最后被放逐羽山而死。舜帝继位以后，任用鲧的儿子禹治水。禹总结父亲的治水经验，改鲧"围堵障"为"疏顺导滞"的方法，就是利用水自高向低流的自然趋势，顺地形把壅塞的川流疏通，把洪水引入疏通的河道、洼地或湖泊，然后合通四海，从而平息了水患，使百姓得以从高地迁回平川居住和从事农业生产。后来舜让位给禹，禹因此而成为夏朝的第一代君王，并被人们称为"神禹"而传颂于后世。

在大禹治水的过程中，留下了许多感人的事迹。相传他借助自己发明的原始测量工具——准绳和规矩，走遍大河上下，用神斧劈开龙门和伊阙，凿通积石山和青铜峡，使河水畅通无阻。他治水居外13年，三过家门而不入，连自己刚出生的孩子都没工夫去爱抚，不畏艰苦，身先士卒，腿上的汗毛都在劳动中被磨光了。他是中国历史上第一位成功地治理黄河水患的治水英雄。

❷历史上哪一本书是以大禹故事为依托，对全国山川、疆界等作了较详细描述的？

春秋战国时期，各国之间经济文化不断交流，各种论著异曲纷呈，关于河事的记载也逐渐增加。成书于战国时期的《禹贡》一书就是一本专门记述地理情况的书。该书以大禹治水的故事为依托，按"九州"的地理区域，对中国的山脉、河川、疆界、贡赋等作了较为详细的描述。

❸谁打破了河伯娶妻的迷信，建立了黄河流域历史上最早的大型灌溉工程？

战国时期，流经魏、赵两国交界处的邺地注入黄河的古漳河，水势狂暴，时常泛滥成灾。当地的土豪与巫婆勾结，将漳河水患说成是河神显灵，须选择美女给河伯为妻才能解除水患，借以诈骗钱财，坑害人命。因此百姓四处逃亡，土地荒芜，严重影响了农业生产。魏文侯二十五年(公元前422年)，西门豹为邺令，看到这种情况，立志要领导当地群众，坚决破除土豪势力和迷信活动，并发动群众，凿通十二渠，引漳河水灌溉农田。由于漳河水含沙量大，十二渠通水后，既可灌田洗碱改良土壤，又能增加土壤肥力，邺地粮食产量大大提高，对魏国的经济发展起了重要作用。西门豹领导修建的引漳十二渠，成为我国历史上最早开辟引水灌溉的大型水利工程。

❹对秦始皇统一中国起重要作用的水利工程是哪座？它和哪两座工程一起被称为我国历史上著名的三大水利工程？

对秦始皇统一中国起重要作用的水利工程是郑国渠。

战国末年，秦国逐渐强大，日益威胁着东方诸国。紧邻的韩国怕秦出兵东伐，便使出“疲秦”之计，派水工郑国去劝说秦国修建水利工程，企图使秦国的力量能集中在国内，无暇东顾。秦国采纳了郑国的建议，于始皇元年(公元前246年)凿泾水修渠。施工之后，秦国发现中计，打算杀死郑国。郑国对秦王说，兴修此渠只能“为韩延数岁之命，而为秦建万世之功。”秦王认为有理，让他继续修渠，历经十余年而渠成。

郑国渠西起泾河，东至洛水，绵延三百余里，灌溉面积达四万余顷。泾水浑浊，挟带的泥沙中含有大量有机质，能增加土壤肥力，改造盐碱地，提高了产量，亩产达一钟(约为现在的250斤)，有力地促进了当地农业的发展，增加了秦国的经济实力，为秦始皇统一中国奠定了基础。

郑国渠、灵渠和都江堰并称为我国古代三大著名的水利工程。

❺保留至今的我国最早的一篇比较全面的治河文献是什么？

两汉时期，对黄河堤防颇为重视，不仅设置专职人员负责治河，而且投入大量的经费。各种治河思想也比较活跃。著名的“贾让三策”就是在这时诞生的。汉哀帝初期，要求“部刺史、三辅、三河、弘农太守”举荐能治河者。贾让应诏上书，提出了自己的治河见解。由于它包含有三种治河方案，后世称之为“贾让三策”。

贾让的上策是：人工改河。就是说在今河南滑县西南古大河的河口一带掘堤，使河水北去，穿过魏郡的中部，然后转向东北入海。

贾让的中策，就是在冀州穿渠，不仅可以分流洪水，而且可以灌溉兴利。

关于下策，就是继续加高培厚原来的堤防。但他认为，由于原来的堤防把河道束得很窄，它的存在已成为阻碍洪水下泄的严重障碍，即使花费很大力气加高培厚，也不会有好的效果。

贾让三策不仅提出了防御洪水的对策，还提出了放淤、改土、通漕等多方面的措施，应该说这是我国治理黄河史上第一个除害兴利的规划，也是保留至今的我国最早的一篇比较全面的治河文献。

❻中国历史上哪位皇帝曾率诸官亲临黄河堵口工地？

公元前 132 年，黄河在东郡濮阳县瓠子决口后，汉武帝刘彻即派汲黯与郑当时前往堵口。当时，丞相田蚡的封邑紧靠黄河，黄河既决而南流，处于北岸的封邑就可以避免水灾，保证丰收，因此他力劝汉武帝不要堵塞决口，听任河水泛滥。直至 20 年后，汉武帝才又下堵口决心，派汲黯之弟汲仁主持堵口事宜。在堵口紧张之际，汉武帝刘彻率众亲临工地督工，并下令随从诸官自将军以下皆背负柴草料物参与抢堵工作。工成之后，又写了有名的《瓠子歌》，记述堵口的经过。

❼东汉以后，黄河河道出现了一个相对稳定的时期，这种情况和哪位治河人物有关？

西汉末年与东汉初年，黄河决泛，纵横乱流，河道大幅度向南摆动，导致黄淮之间大面积地区经常蒙受惨痛灾难。此间，光武帝刘秀曾一度有意治河，但因当时正处于战后恢复期，恐民不堪命，终又罢手。汉明帝执政以后，在灾区民众的纷纷指责下，曾多次酝酿治理，也由于治理意见不统一，一时拿不定主意而未能早日动手。直到永平十二年(公元 69 年)才决定修治，主持这次治河活动的就是当时在治水方面颇具才能和功绩的王景。

这是一次规模较大的综合性的治水活动。王景依靠数十万人的力量，一方面修了一千余里的黄河大堤及其他相应工程，另一方面又整治了汴渠渠道，新建了汴渠水门。历经一年的时间，使黄河和汴渠都得到了控制。特别是黄河，治理后的河道自济阴以下，流经于西汉大河故道与泰山北麓之间的低地中，距海较近，地形低下，行水比较通畅，因此黄河灾害明显减少，出现了一个较长的相对安流时期。

❽中国历史上第一部以黄河命名的著作完成于何时？出自何人之手？

隋唐五代时期,农田水利和漕运事业有了进一步发展,治理黄河的实践比之前代也有所增加。因此,水利技术、水利管理、城市供水以至测量制图等方面,都有了新的成就,以黄河命名的专著也在我国历史上第一次出现,就是《吐蕃黄河录》。

《吐蕃黄河录》完成于唐贞元十四年(公元798年),出自唐代杰出的制图学家贾耽之手。他曾参考晋人裴秀创立的“制图六体”,以一寸折地百里的比例,绘制过一幅高三丈三尺、宽三丈的《海内华夷图》。这幅图虽然遗失,宋人参考此图画成的《华夷图》和《禹迹图》,因为刻成了石碑,却一直流传至今。贾耽十分关心黄河上游,他所编著的《吐蕃黄河录》,图文并茂,记载了黄河上游吐蕃境内“诸山诸水”的“首尾源流”,总共达十卷之多,内容相当丰富,可惜这部书未能保留下来,这不能不说是一个大的损失。

❾明代治河对后世影响最大的人物是哪位？他的主要治河论著是什么？

明代后期治河活动比初期大为增加,工役接连不断,治河组织机构有所加强,出现了刘天和、朱衡、万恭、潘季驯等著名人物。其中对后代黄河治理影响最大的当属潘季驯。

潘季驯四次治河将近十年之久,为明代治河诸臣任职时间最长的。他对黄、淮、运三河提出了综合治理的原则,并根据黄河含沙量大的特点,明确提出了“以河治河,以水攻沙”的治河方策。同时,为达到束水攻沙的目的,创造性地把堤防工程分为遥堤、缕堤、格堤和月堤四种,因地制宜地在大河两岸周密布置,配合运用,对控制河道起了一定的作用。

潘季驯治河成绩卓著，特别是束水攻沙论的提出，对后代治河产生过深远影响。他的主要治河论著有《两河经略》和《河防一览》。

⑩“休道石人一只眼，挑动黄河天下反”这句话源于黄河上的哪次堵口工程？它与元末农民起义有何关系？

这句话源于元末贾鲁堵口，它引发了元末农民起义。元至正四年(1344年)，黄河在今山东曹县境的白茅堤决口，溢入运河，又淹了沿河的盐场，直接影响元朝的经济命脉。元统治者几经磋商，于至正十一年(1351年)四月命贾鲁为工部尚书、总治河防使，征发汴梁(今开封)、大名(今河北大名)等黄河南北13路15万民工及庐州(今安徽合肥)等地2万多军队到黄河上堵口。贾鲁采用疏、浚、塞并举的办法，动用大量人力物力财力，终于在当年十一月用沉船法将口门堵住。后世这样评价贾鲁堵口：“贾鲁修黄河，恩多怨亦多；百载千年后，恩在怨消磨。”

然而，参加此次堵口的河工们本为贫苦遭灾的饥民，被强征为河工，又被迫在军队监视下劳动，不满情绪日甚。活动在今安徽阜阳一带的韩山童、刘福通等人决定利用此机起义，他们宣称“弥勒佛下生”，“明王出世”，同时散布一首民谣：“休道石人一只眼，挑动黄河天下反”。及至贾鲁治河时，果真在黄陵岗(今河南兰考东)黄河堵口工地上掘出独眼石人，于是河工们奔走呼告，人心浮动，终于引发了规模浩大的元末红巾大起义，直至元朝灭亡。堵口两年后，贾鲁随丞相脱脱镇压农民起义时，死于军中。

⑪历史上不乏因黄河溃决而埋没于地下的城市,你能举出一两个例子吗?

历史上因黄河溃决而埋没于地下的城市,有明代汴梁(今河南开封市)、今河北省的巨鹿县城等。

历史上黄河决口、泛滥,不仅给人民带来水灾,也带来严重的沙灾。今河南开封市所属各县,在明清时代几乎全被决河淹没过。其中以开封城破坏最惨重。据文献记载,从元初至清末,开封城曾七次(元太宗六年、明洪武二十年、建文元年、永乐八年、天顺五年、崇祯十五年、道光二十一年)被河水淹没。灾情最严重是崇祯十五年(1642年)一次。明河南巡抚高名衡和李自成起义军双方以水代兵,扒堤决河,满城皆水,全城37.8万余人,幸存者仅3万余人。今开封城内明以前的建筑仅保留铁塔、繁台、延庆观三处。宋代铁塔原在一座名为夷山的土山上,今连塔基都被埋入地下。元代建筑延庆观门已一半被埋在地下。在地下三四米处才发现明代屋顶。清道光二十一年(1841年)河水再度决入城内,今地下二三米始见清代地基。现在的开封城为道光二十三年后所筑。宋代开封城地面可能被埋在今地下十米左右。再往下挖,才能找到魏国首都大梁的痕迹。

河北省的巨鹿县在宋大观二年(1108年)一次河决,泥沙将整个县城埋入地下。1919年当地人民掘井时发现了宋代的古城址。近年来在地下6米处发现宋代的瓷器和屋基,屋内器皿尚存,还有当场淹毙的尸骨。

⑫历史上是哪一次决口结束了黄河长期南泛夺淮入海的局面而回复东流?

公元1128年,南宋赵构政权为阻止金兵南进,决开黄河,造成黄河长期南泛，夺淮入海。直至清代咸丰五年(公元1855年)，黄河发生了大水，河南境内水位骤然升高，河水漫滩，几与堤平，加上狂风大作，波浪掀天，黄河终于在铜瓦厢(今兰考县东坝头乡)处决口，主流先流向西北，而后折转东北经山东入渤海，结束了黄河700余年夺淮河入海的局面。因此，1855年铜瓦厢决口被看作是黄河历史上的一件大事。

⑬镇河铁犀的设置与哪位历史名人有关？他为什么要设镇河铁犀？

镇河铁犀在河南省开封市东北约2公里的铁牛村，为明代著名的民族英雄于谦于1446年任河南巡抚时所建。铁犀高2.04米，围长2.66米，坐南向北，面河而卧。它浑身乌黑，独角朝天，双目炯炯，造型雄健，背上铸有于谦撰写的《镇河铁犀铭》。

黄河自金初南流后，开封城即为濒河之城，屡遭洪水肆虐之苦。宣德五年(1410年)，于谦任河南巡抚后，体察民情，重视河防，修葺黄河大堤与开封护城堤，并据民传“河患为水怪作祟”，遂铸大铁犀以镇洪水。当时，铁犀被安放在新建的回龙庙内，后因黄河决口被埋没于地下，清顺治年间被掘出，现仍保存完好。

铁犀和黄河上其他地方出土的铁牛一样，是我国古代人民未能正确认识自然的产物。它表达了人民要求根除河患的强烈愿望，也是古代中州大地迭遭水患的历史见证。

⑭现代黄河史上的一次人为决口发生在什么时候？受灾情况怎样？

现代史上黄河的一次人为决口发生于1938年6月6日，决口地点在河南郑县(今郑州)花园口。

1938年抗日战争开始不久,在日本侵略军的进攻下,国民党政府为阻止日本侵略军的追击,下令扒开花园口黄河大堤,企图以水代兵。然而,这一人为改道,却使滔滔黄河倾泻东南,造成河南、安徽、江苏3省44个县市遍地洪水,良田沃野尽成泽国,1 250多万人受灾,89万无辜百姓死于非命,无数群众背井离乡,流离失所。尤其是河南省,受灾最为严重,有21个县市900多万亩耕地被淹,47万多人死亡,造成了大片的无人区。“黄泛区”,这个象征苦难的地理名词便在地理书上出现了。

⑮“要把黄河的事情办好”这句话是谁在什么背景下说出来的?

新中国成立后,党中央十分关心和重视治黄工作。1952年毛泽东主席第一次出京视察,就选择了黄河,并把1855年兰考东坝头铜瓦厢决口处作为此次视察的重点。从10月27日到10月31日,短短5天时间内,毛泽东从济南泺口到徐州黄河故道,从兰考东坝头到开封北郊柳园口,从邙山脚下到黄河北岸的人民胜利渠,不仅详细地看,而且仔细地听,黄河的泛滥改道、大堤的维修管理、当地百姓的生活、两岸的引黄灌溉以及黄河的治理与开发等等,一一记在心底。就在这次视察过程中,毛泽东主席提出了“要把黄河的事情办好”的伟大号召。

⑯中国历史上第一部江河综合治理与开发的规划是什么?什么时候以什么方式通过?

中国历史上第一部江河综合治理与开发的规划是《黄河综合

利用规划技术经济报告》。根据这一规划报告,1955 年 7 月 30 日第一届全国人民代表大会第二次全体会议批准并由全体代表举手通过的了《关于根治黄河水害和开发黄河水利的综合规划的决议》,从此揭开了人民治黄事业的新篇章。

⑰新中国成立后,许多党和国家领导人亲临黄河视察,你能举例说明吗?

新中国成立伊始,党和国家就把黄河治理摆在社会主义建设的重要位置上,从毛泽东为核心的第一代领导人到邓小平、江泽民历届党中央领导,都十分关注黄河治理工作,多次亲临黄河视察。1952 年,毛泽东第一次出京巡视,就到山东、河南来视察黄河,并发出"要把黄河的事情办好"的号召。周恩来、李富春、邓子恢等中央领导同志多次听取治黄汇报,刘少奇、朱德、邓小平等老一辈革命家都曾到黄河视察。特别是周恩来总理还身体力行,亲自处理治黄的重大问题,亲自主持治黄工作会议,三次亲临三门峡工地视察,并召集专题会议研究讨论三门峡工程改建问题,亲临第一线指挥抗洪斗争。中共十一届三中全会以后,大河上下,处处留下了中央领导同志视察、考察黄河的足迹。1994 年 9 月,李鹏总理亲临黄河小浪底工地,宣布工程开工,1997 年 10 月,又亲自主持大河截流仪式。江泽民、朱镕基、李瑞环等中央领导同志都在百忙中抽出时间视察黄河,指导治黄工作。据不完全统计,50 年来,先后有 60 余位党和国家领导人视察黄河。

⑱周恩来曾亲临黄河指挥抗洪斗争，是在什么时间什么地方？

周恩来总理一生关注黄河，身体力行，许多重大的治黄问题，都亲自处理，作出决策。早在1946年，为堵复花园口口门，中共中央委派周恩来与国民党政府进行谈判。周恩来高瞻远瞩，一方面为人民的利益同国民党政府针锋相对，据理力争；一方面及时指示解放区抓紧修堤准备，并几次飞赴黄河视察工程状况。在他的亲切关怀和领导下，黄河归故斗争取得了重大胜利，彻底粉碎了国民党水淹解放区的阴谋，保障了黄河故道和解放区军民的利益。

1958年夏季，黄河下游发生了有实测资料以来最大的洪水，花园口洪峰流量达到22 300立方米每秒，洪流一出峡谷，就把京广铁路黄河铁路大桥冲断两孔，南北交通中断，堤防形势严峻。当时周恩来总理正在上海开会，听到汇报，立即停止会议，飞临黄河，察看水情，指挥抢险。还不顾旅途劳累，夜里10点钟赶往黄河铁路大桥，冒雨慰问参加抢修大桥的职工，勉励他们与洪水作斗争，一直工作到深夜2点多钟。在胜利战胜这次大洪水20多天后，周恩来又来到郑州，视察大洪水过后的黄河和修复后的黄河铁路大桥，并飞赴济南视察黄河，就如何使泺口铁桥经受黄河更大洪峰问题作了重要指示。

⑲周恩来曾几次主持治黄会议，在什么时间，为什么目的？

1957年4月动工兴建的三门峡水利枢纽，是治黄规划中确定的第一期重点工程之一。周恩来对这一工程的建设给予了无微不至的关怀。早在施工之前，他就在国务院召开专门会议，对工程建设的指导思想，进行了认真研究。在施工过程中，又于1958年4月21日约请国务院副总理彭德怀和国务院秘书长习仲勋亲临工地,主持召开了施工现场会议,并对工程设计重新进行了审查。

1959年10月12日夜晚,周恩来再次来到三门峡。一下车,他不顾疲劳,马上在交际处召开现场会议。参加会议的有水电部、河南、山西、陕西、湖北及黄委会、长江流域规划办公室、石油部、农业部的有关负责同志。会上讨论了三门峡枢纽1960年拦洪发电以后继续根治黄河的问题。

1964年12月5日~8日,国务院就三门峡工程改建问题在北京召开了治理黄河会议,周恩来总理主持会议,并于12月18日作了重要讲话。周总理在讲话中对三门峡工程改建问题作了重要指示,并提出:“总的战略是要把黄河治理好,把水土结合起来解决,使水土资源在黄河上中下游都发挥作用,让黄河成为一条有利于生产的河”。周总理的这个指示,以后一直是治理黄河的重要指导思想。

⑳在万里长城之外,还有一座被称为“水上长城”的建筑物,这指的是什么?这一“水上长城”有多长?

这条“水上长城”指的是黄河下游西自河南郑州东至山东黄河入海口,绵延横亘在华北大平原上的两岸黄河大堤。

黄河下游由于泥沙淤积,河床抬高,形成著名的“悬河”,滚滚河水就只有依靠两岸大堤的约束。堤防是我国人民长期以来防御洪水的主要工程措施。早在春秋时期,黄河下游就修有堤防,历代不断改建、加固与完善,在抗洪斗争中发挥了重要作用。新中国成立后,先后对黄河大堤进行过三次加高培厚,使其成为防御洪水的坚固屏障。如今,黄河堤防北岸起自河南孟县,南岸起自郑州邙山脚下,北岸和南岸的堤防长度分别为740多公里与620多公里,两岸堤防全长1 300余公里。黄河大堤像平地崛起的山梁,横亘在华北大平原上。堤顶宽阔而平坦,并排可行两辆卡车,堤前伸出一道道石坝,抵挡着激流的冲击;堤后有黄河泥沙淤出的宽阔的淤背区,成为大堤的坚强后盾;堤肩上杨柳夹道,堤坡上覆盖着绿茸茸的青草,远远望去,巍峨壮观,雄伟之极,被人们誉为“水上长城”。

㉑你能举出新中国成立后最能体现人民治黄威力的英勇抗洪斗争的一个实例吗?

1958 年 7 月 17 日,黄河花园口站出现了洪峰流量22 300立方米每秒的大洪水,这是有实测 记录以来的最大洪水。在党中央、国务院的正确领导下,经过豫、鲁两省广大军民的英勇抗争,战胜了洪水,赢得抗洪斗争的重大胜利,被誉为治黄历史上的奇迹,在人民治黄史上写下了光辉灿烂的篇章。在洪水暴涨的危急关头,周恩来总理中止了正在上海进行的会议,来到黄河,亲自指挥抗洪斗争。沿河党、政、军、民齐动员,200 万防汛大军上堤防守。整个堤线,白天人山人海,夜晚灯火通明,连老人学生都被动员起来,主动往工地送粮送水。大家发出了“堤在人在!”“水涨一寸,堤高一尺!”“誓与大堤共存亡”的战斗号角,一昼夜间修起了一条一米高 600 公里长的子埝工程。经过 8 天 8 夜的连续战斗,终于战胜了洪水,保证了两岸农业生产的丰收和人民生命财产的安全。这次洪水洪峰流量达 22 300 立方米每秒,和 1933 年发生的大洪水相似。但 1933 年的洪水使黄河南北两岸数十处决口,淹没面积达 1.1 万平方公里,受灾人口达 360 万。河南长垣县 823 个村庄,有 773 个被淹。两次洪水两种结果,充分显示了人民治黄的威力和社会主义制度的优越性。

㉒"人民治黄"指的是什么,起始于什么时间?

1946年,在炮火纷飞的解放战争年月,中国共产党领导的治黄机构——冀鲁豫黄河水利委员会和渤海解放区山东河务局相继成立,"人民治黄"一词指的就是从此年开始,由中国共产党领导下的黄河治理。

㉓为什么说人民治黄50年岁岁安澜?

据史料记载,从先秦到民国时期的2 500年间,黄河下游决溢达1 500余次,大的改道26次,平均"三年两决口,百年一改道"。而从1946年冀鲁豫黄河水利委员会成立,共产党领导人民治理黄河以来,50年间,黄河下游花园口水文站实测洪峰流量大于10 000立方米每秒的洪水有12次,没有一次决口。即使在1958年7月,黄河发生22 300立方米每秒洪水的情况下,经过200万军民的奋力抢护,依然在不分洪的情况下,战胜了洪水,保证了两岸的安全。这在以前,几乎是不可想象的事。说人民治黄50年岁岁安澜,就是指1946年以后,伏秋大汛岁岁安澜的意思。

㉔近50年来,国家用于黄河防洪与建设的投资大约有多少?人民治黄产生的经济效益又是多少?

新中国成立后,党和政府十分关注黄河的治理与开发。近50年来,通过多种途径,国家用于黄河防洪与建设的投资累计达584亿元,其中防洪工程建设66亿元,水土保持23亿元,引黄灌溉442亿元,水电工程建设53亿元。人民治黄50年来,经过对黄河的综合治理与开发,防洪、水土保持、农业灌溉、城乡供水及水力发电都产生了巨大的社会效益和经济效益,初步核算,共获得除害兴利效益13 200亿元，取得了举世瞩目的成就。

㉕“上拦下排，两岸分滞”的防洪工程措施的含义是什么？

这是新中国成立后，黄河水利委员会在多年的治河实践中总结摸索出来的一条行之有效的黄河治理措施。“上拦”的广义内涵就是通过防与治各种途径，在黄河上、中游尽可能把洪水、泥沙控制利用起来。具体说，也就是用生物措施和工程措施相结合的方法，加强黄土高原地区的水土保持工作，尽量减少入黄泥沙，而且在中游干支流上的适当地点修建有防洪作用的水库，拦截洪水和泥沙；“下排”就是充分利用黄河下游河道具有大水排沙多的特点，采取泄洪排沙的方法，排沙入海，刷深河槽。“两岸分滞”就是在黄河下游两岸设立分洪、滞洪区，建立分洪、滞洪工程，用以分流洪水，调节洪峰，分散大洪水对大堤的压力，以保证堤防的安全和洪峰的顺利通过。

㉖构成黄河梯级开发的已建和在建的大型水利水电工程有哪些？

新中国成立以来，黄河干、支流上共修建大、中、小型水库3 021座，总库容达572亿立方米。黄河干流上已经建成并发挥巨大效益的大中型水利水电枢纽有8座，它们分别是龙羊峡水电站、刘家峡水电站、盐锅峡水电站、八盘峡水电站、青铜峡水电站、三盛公水利枢纽、天桥水电站、三门峡水利枢纽，总库容410亿立方米，总装机容量382万千瓦，年发电量176亿千瓦时；目前正在建的有小浪底、万家寨、李家峡、大峡4座水利枢纽，总库容153亿立方米，发电装机容量518万千瓦，年平均发电量为160亿千瓦时。

㉗黄河上唯一的一座动过两次“大手术”的水利枢纽是哪座？

黄河上唯一的一座动过两次“大手术”的水利枢纽是三门峡水利枢纽。

三门峡水利枢纽工程于1957年动工兴建，它是黄河干流上兴建的第一座大型水库，是我国人民治理和开发黄河的一次巨大尝试。一座96米高的混凝土大坝，拦腰斩断黄河，形成了一个比太湖面积还要大的人工湖。整个工程用210万立方米混凝土浇筑起来。

三门峡水利枢纽工程初步建成投入运用后，出现了严重的“病症”——水库淤积，排泄不畅。没几年工夫，水库里就淤积了几十亿吨泥沙，形成了“大鼓肚”、“翘尾巴”（即泥沙淤积逐渐向水库上游发展延伸），严重威胁着“八百里秦川”和西安市的安全。因此，只好停止蓄水发电，已经安装好的一台水轮发电机组，也被迫拆迁。

在这关键时刻，周总理亲自主持召开治黄会议，请专家们“会诊”，让持不同意见的人各抒己见。最后，大家统一了认识，确定了三门峡工程改建的原则，决定对工程动大“手术”。

“手术”分两次进行。左岸山崖下那两条总长900多米、直径11米的隧洞，是第一次“手术”的产物；大坝左端底部的八个泄水孔，是第二次“手术”的产物。两次“手术”的目的，都是为了加大泄流排沙能力。“手术”后，大见成效，“大鼓肚”消除了，“翘尾巴”降低了，既确保了下游的安全，又确保了西安市的安全，达到了预期的目的。

㉘小浪底位于黄河上的什么地方，这里正在兴建一座什么样的工程？

小浪底位于洛阳市以北40公里处的黄河干流上，这里是黄河上最后一段峡谷——晋豫峡谷的出口处，波涛汹涌的激流到此以后开始变得平缓温顺。

目前，小浪底正在兴建一座重要的、富有挑战性的跨世纪水利枢纽工程。说其重要，是因该工程正处于承上启下、控制黄河水沙的关键部位，是三门峡以下唯一能够取得较大库容的坝址。水库库容126.5亿立方米，有效库容51亿立方米，建成后可使下游防洪能力由当前的60年一遇提高到千年一遇；水库的淤沙库容可减少下游78亿吨的淤积量，也就是说，小浪底以下河床20年不会抬高。此外，工程供水、灌溉、发电等一系列效益将对下游两岸的社会经济生活产生深远的影响。

说其极具挑战性，是因为小浪底工程地理位置重要，水文、泥沙条件特殊，工程地质条件复杂，运用要求高，技术难题多。小浪底工程控制黄河近100%的泥沙，最低泄水孔位于最终淤积面以下79米。防止泄水引水建筑物进口被泥沙淤堵，解决含沙水流对所有流道包括闸门门槽混凝土泄水表面、水轮机流道部件的磨蚀，保证小浪底水电站汛期正常发电，成为工程的关键。另外，小浪底的运用要求和土石坝型形成了小浪底以隧洞群泄洪为主的鲜明特点。洞群集中在相对较单薄的左岸山体，在不到1平方公里的范围内，布置地下开挖的各种洞室井等110个。开挖能否保证山体稳定，大坝深覆盖层处理能否完成，这些难题的攻克，使小浪底工程多项施工技术处于世界领先地位。

小浪底枢纽主体工程施工期8年，1994年底开工，1997年10月大河截流，2001年初两台机组发电。

㉙在黄河上游，至今还保留着一种古老的提水工具，成为当地的一道风景，这种工具是什么？

很久很久以前，生活在黄河两岸的百姓就利用各种方式从黄河取水，以灌溉农田，发展生产。保留至今的兰州水车就是其中最突出的代表。河水推动着巨大的木制车轮吱吱呀呀地转动着，木轮外侧一个个水筒把河水提上去，随着水车的转动一股股细流随之而出，流入田间。如今，电力提灌事业飞速发展，水车虽已悄然退出历史舞台，不再负有提水灌溉之命，但作为古代人民利用黄河的历史见证和一种民俗文化，它依然矗立在兰州黄河岸边，成为当地的一道风景。

㉚目前黄河上最大的引黄灌溉枢纽是哪座？

目前黄河上最大的引黄灌溉枢纽是三盛公水利枢纽。位于内蒙古自治区巴彦淖尔盟磴口附近黄河干流上。地处内蒙古河套灌区的西部，黄河进入河套平原的上缘。三盛公水利枢纽建于 60 年代初期，2 000多米长的拦河大坝拦腰截断黄河，18 座电动节制闸门每秒钟可引进 500 多立方米的黄河水。通过 400 多公里长的南北总干渠和 40 多条大小干渠，把水送往各个灌区。不能自流灌溉的地方，沿渠建了许多大小扬水站。整个平原上，一座座节制闸、渡槽和桥梁与一万多条林带掩映的渠道纵横交织，形成了比较完整的排灌系统。三盛公水利枢纽修建后，1961 年～1995 年的 35 年中，共计引水 1 609 亿立方米，平均每年 45.98 亿立方米。灌溉面积到 1990 年达到 815 万亩。

㉛正在兴建的解决山西等省区引水困难的大型引水工程是哪座?

解决山西等省区引水困难并远距离送水进京的大型引水工程是目前正在兴建的万家寨大型引黄工程。万家寨工程位于晋西北河曲境内的黄河干流上,系国家“八五”重点建设项目,是山西有史以来最大的水利工程。年引水总量12亿立方米,引水线路全长314公里,其中光地下隧洞就有220公里,最大埋深达430米,被水利专家们称为“天下第一地下长河”。

㉜开辟黄河下游引黄灌溉先河的工程是哪座?

黄河下游第一座引黄灌溉工程人民胜利渠于1950年开工建设,开辟了黄河下游引黄灌溉的先河。该工程建设以较快的速度于1952年建成放水浇地,灌溉着新乡等一市五县60万亩耕地。从此,黄河下游的引黄灌溉工程如雨后春笋般越来越多。目前,在西起河南孟津县,东到渤海之滨的千里黄河两岸,已建成引黄涵闸94座,虹吸29处,建成灌溉面积在1万亩以上的引黄灌区98处,涉及豫、鲁两省沿黄14个地(市)80多个县,已成为我国重要的粮、棉、油生产基地。一条条渠道像一条条血脉,往北与海河水系相连,向南最远输水到青岛市,形成一个巨大的灌溉供水网络。渠水长流,杨柳夹岸,稻花飘香,绿意盎然。

㉝黄河流域现有灌溉面积是多少?其中下游沿黄平原占多少?

新中国成立前夕,全流域灌溉面积仅有1 200多万亩,而且工程简陋,标准低下。新中国成立后,党和政府对黄河水利建设高度重视,投入大量的人力、物力和财力,兴修了大量的农业灌溉工程,取得了巨大的建设成就。如今,黄河流域已有灌溉面积约1.1亿亩,约占总耕地面积的45%,比新中国成立初期增加了8倍多。其中,下游沿黄平原灌溉面积占流域总灌溉面积的38%。

㉞你能举出几个例子说明引黄灌溉的效益吗?

据有关部门统计,在占全流域总耕地面积45%的引黄灌溉面积上,生产了占全流域总量70%以上的粮食和大部分经济作物,成为各省区重要的粮棉生产基地。宁夏引黄灌区成为全国十大商品粮基地之一。陕西关中灌区耕地面积占全省的40%,据1990年统计,灌区提供商品粮占全省70%以上。河南人民胜利渠灌区累计粮棉增产总值为历年灌区投入总额的16倍。山东省沿黄县市粮棉总产量分别占全省粮棉总产的37%和72.5%。这些例子都充分体现了"水利是农业的命脉",体现了引黄灌溉的巨大效益。

㉟通过远距离输送喝上黄河水的城市主要有哪些?

新中国成立后,黄河水资源得到了充分的开发和利用,沿黄建立了大批的引黄涵闸,不仅为两岸工农业生产提供了保障,而且为居民的生活用水作出了很大的贡献。同时还在黄河流域本身水资源已很紧张的情况下,挤出救命水支援外流域,引黄济晋、引黄济青、引黄入卫、引黄入淀、引黄济烟,一个个跨流域引水工程,有的已造福于人民,有的正在努力成为现实。目前,通过引水工程远距离输送喝上黄河水的主要城市有天津、青岛等。

㊱截至今日，黄河上游扬程最高的提灌站建在哪里？

至今，黄河上游扬程最高的大流量提灌站是甘肃省景泰川电力提灌站。景泰川电力提灌分两期完成。1974 年建成的景泰川一期电力提灌工程，位于兰州市以北景泰县中部。分 12 级提水把黄河水送上 472 米高的旱塬，灌溉土地 30 多万亩。灌溉系统由 56.7 公里的干渠和 144 公里的支渠以及 400 余座渠道建筑物组成，其中包括享有“人间天河”美称的 27 座高空渡槽。1984 年上马、1994 年建成的景泰川二期工程，位于甘肃省武威地区东部，横跨景泰、古浪两县，是全国最大的高扬程、大流量电力提灌站，13 级泵站提水，总扬程 708 米，可灌地 52 万亩，受惠于此的一条条林带，一片片农田，正以神奇的速度向千年荒原延伸。

㊲为什么要控制黄土高原的水土流失？

在黄河中上游黄土高原地区总面积 64 万平方公里(总面积含鄂尔多斯高原)中，水土流失面积达 43 万平方公里。据观测，每平方公里每年约损失三四千吨土壤，严重者达二三万吨，相当于刮去十几毫米厚的表土。这些表土，每吨含氮素 0.8 公斤～1.5 公斤，磷肥 1.5 公斤，钾肥 20 公斤。算起来，每年失掉的氮、磷、钾肥达 3 000 多万吨，等于一百座年产 30 万吨的现代化化肥厂全年的产量！黄土高原地区气候干燥，大部分地区的一般年份，降雨量只有 400 毫米；而这些雨量，又往往集中在 7 月～9 月三个月的几场暴雨。地面缺乏植被，暴雨冲刷山梁，干旱频繁，土壤瘠薄，粮食产量低而不稳。

大自然的惩罚还不仅止于此。千沟万壑的水土流失，每年把大量泥沙注入黄河，使黄河成为举世无双的多泥沙河流。每年平均输沙量是 16 亿吨。这些泥沙有 90% 来自黄土高原。大量的泥沙流到下游，淤淀起来，抬高了河床，加剧了洪水对人民生命财产的威胁。

显而易见，严重的水土流失，大量的泥沙淤积，是黄河中下游水旱灾害的症结所在，也是黄土高原地区百姓贫穷落后的根源。因此，只有控制黄土高原的水土流失，做好水土保持工作，才能改变黄土高原的面貌，发展农业生产，根治黄河水害，促进开发黄河水利。

㊳黄土高原严重的土壤侵蚀是起源于人类破坏，还是起源于地质基因？

黄土高原严重土壤侵蚀或者说黄河成为多沙河流，形成时期究竟多久，是起源于人类破坏植被后呢，还是起源于地质时期？一些学者由于依据资料及观察角度不同，见解很不相同。但目前比较为大家所接受的主要见解是：

(1)严重土壤侵蚀所引发的巨量流域产沙系起源于地质时期。据估算，全新世中期以来，黄土高原每年的侵蚀量就达到10亿吨。可以认为这是自然侵蚀的背景值。

(2)严重土壤侵蚀发展于人类对环境有明显影响的历史时期。

㊴人为新增水土流失来源于哪几个因素？

人类为生存或经济开发所从事的各种活动，由于无视或忽视环境保护所产生的新增水土流失，进一步引发和加剧了侵蚀，并产生了“边治理、边破坏”，“一方治理、多方破坏”，甚至“破坏大于治理”的严重后果。这种人为新增水土流失的来源主要有两个方面：一是由于近50年来黄土高原人口剧增——从1949年到1985年全区人口净增 4 500 万人，因粮食及“三料”匮乏所产生的“滥垦、滥伐、滥牧、滥樵”现象；二是由于大规模兴办公路、铁路等基础设施以及大型厂矿和众多的民办矿点所造成的巨量弃土弃渣。

㊵黄土高原水土保持的主要措施有哪些？

目前，黄土高原水土保持采取的措施主要有：

(1)综合规划措施；

(2)林草植被措施；

(3)工程建设措施；

(4)农业耕作措施；

(5)法律法规措施。

㊶截至 1995 年底，黄土高原地区共治理水土流失面积达到多少，占该地区水土流失总面积多大比例？

黄土高原有 43 万平方公里的水土流失区。经过 50 年的不懈努力，水土保持工作取得了显著效益。截至 1995 年底，累计初步治理水土流失面积 15 万平方公里，占应治理面积的 1/3。特别是一些重点地区，治理程度已达 70% 以上，成了当地发展农林牧副业生产基地。

㊷沙棘是一种什么样的植物？它有哪些价值？

沙棘是一种落叶灌木或小乔木，高 1 米～3 米，也有高达 8 米～10 米者。小枝螺旋互生，呈刺状，果为浆果，色橙黄或橘红，沿枝条密布。沙棘耐干旱，适宜在半湿润半干旱地区生长，主要分布在我国西部的黄土高原地区，是黄土高原主要的水土保持树种之一。

沙林的价值一是固土保水。由于其枝叶繁茂，冠幅大，覆盖能力强，不仅有利于降雨渗入土壤，而且因其郁闭度高，枯落物多，可以起到减轻土壤侵蚀、增加土壤肥力的作用。同时其根系发达，可以增强土壤的凝聚力，起到固土保水的作用。另外，沙棘还有重要的经济价值。其叶的蛋白质较高，是牛、羊的好饲料。其杆可作燃料。其果营养丰富，含有 18 种氨基酸，其中人体必需的氨基酸有 7 种；维生素 C 的含量是苹果的 20 倍～150 倍，维生素 E、A、K 的含量也几乎居一切果蔬之冠；沙棘果含有的油可治皮肤病和癌症，有极高的药用价值。沙棘作为具有较高保水固土效益和广阔开发前景的水保经济作物，成为黄土高原水土保持生物工程措施中的重要开发项目。

㊸治理黄河的任务是什么？

治理黄河的任务有三：一防洪，二水土保持，三水资源调度、保护与开发利用。

㊹历史上为什么有“凌汛决口，河官无罪”之说？现在凌汛时的情况怎样？

凌汛是黄河上除伏秋大汛外最严重的威胁。据史料记载，1883 年～1938 年 55 年间，凌汛决口就有 17 年，共 50 余次。凌汛期，人无法下水抢险，旧社会又无飞机等现代设备破冰。因此，凌汛为患，被历代统治者视为不可抗拒的天灾，所以有“凌汛决口，河官无罪”之说。

自1946年人民治黄以来，国家对防凌工作予以了足够的重视，除利用防洪工程体系，诸如水库调节外，还多次实施飞机炸冰，以疏通洪水下泄。每当此时，宽阔的河面上，冰花飞舞，水柱冲天，情景非常壮观。50年来，除新中国成立初期的1951、1955两年因凌情严重，在河口地区发生两次决口外，其余均安全渡过，保证了两岸大片地区的安全和正常生产。现在除可采用飞机、大炮轰击以破冰疏水外，利用三门峡水库调节控制，防凌的把握更大得多了。

㊺山西芮城的永乐宫是道教四大祖庭之一，它为什么要整体搬迁？

永乐宫原建于山西芮城县城西20公里的永乐镇，因“八仙”之一的吕洞宾故居于此，后人建宫以纪念之，是道教四大祖庭之一。1959年，因准备兴建黄河上第一座大型水利枢纽——三门峡水库，永乐宫正处于蓄水区内，为了保护文化遗产，政府决定整体搬迁。全部依照原样将整个建筑和壁画迁至现芮城城北3公里龙泉村附近复原保存。

㊻东平湖为什么被称作黄河洪水的“招待所”？

东平湖即古代的梁山水泊，位于山东省梁山县和东平县的交界处，紧临黄河。

黄河下游的河道，上宽下窄，形状像个漏斗。在河南省境内，河床的宽度一般为10公里，最宽处达20公里，到山东省的艾山一带河床则只有300米宽。这种“上宽下窄”的自然特点，给防洪斗争带来了极不利的形势。宽河段好比“大肚子”，窄河段好比“细肠子”。汛期，滔滔洪水迅猛地由“大肚子”向“细肠子”里灌，“细肠子”接纳不了，排泄不畅，就会出问题。东平湖恰巧就在“大肚子”和“细肠子”的相接处，历史上就是个天然的蓄水库，所以国家决定把它扩建为蓄存洪水的大水库。

1958年在老湖区的西南方向又增建了新湖区。新筑了50多公里湖堤，修建了进湖闸、出湖闸、运河穿黄船闸等建筑物，昔日的古水泊正式被命名为“东平湖水库”。

这个水库用黄河上的工程术语来讲，叫“分洪滞洪”工程。它的作用是当黄河出现了超过山东河段防洪标准的洪水时，就可以视情况主动将洪水引进湖里“休息休息”，缓和一下局势，然后再放出去。所以人们风趣地称它是黄河洪水的“招待所”。

在黄河下游，类似的“招待所”还有北金堤分洪滞洪区。

㊼“借来长江走大河”比较形象地说明了黄河上目前正在研究规划中的西线南水北调工程，该工程将如何实施？

南水北调是一项规模宏大的工程，分西线、中线、东线3条线路，联结长江、黄河、淮河、海河4大水系，涉及十几个省和直辖市。

规划中的西线工程是从长江上游引水至黄河上游的跨流域调水工程，是解决黄河水资源不足和我国西北地区、华北部分地区干旱缺水的重大战略措施。调水地点在长江上游通天河及其支流雅砻江、大渡河距离黄河较近的河段。由于黄河长江之间有高耸的巴颜喀拉山阻隔，需要开凿长隧洞以穿过分水岭。黄河高于长江诸河，需要在取水河流上修建拦河枢纽工程，适当抬高水位，并调蓄水量，以保证引水。调水工程分抽水和自流两种方案，最大年调水量200亿立方米。

中线是从汉江丹江口水库调水，沿伏牛山和太行山山前平原自流送至华北平原西部和北京。

东线工程从江苏扬州附近的长江干流引水,沿京杭运河逐级抽水北送,经洪泽湖、骆马湖、南四湖到东平湖后,穿过黄河自流到天津,并可提水补给北京。

㊽新中国成立后,统一治理黄河的专门机构是什么?

统一治理黄河的专门机构是黄河水利委员会。1946 年,为解决黄河归故问题由冀鲁豫和渤海解放区两行政公署分别成立了治河机构,形成解放区和国民党统治区两套治河机构并存的局面。1949 年 6 月,华北、中原、华东三大解放区选定委员在济南召开会议,成立三大区统一治河机构——黄河水利委员会。1950 年 1 月,中央人民政府决定将黄河水利委员会改为流域性机构。从此,黄河结束了分区治理的局面而形成了统一全面治理的新格局。

㊾1950 年被国家政务院任命的黄河水利委员会主任是谁,他主持治理黄河的工作有多少年?

1950 年,黄河从分区治理走向了统一治理。王化云被政务院第 57 次政务会议通过任命为黄河水利委员会主任。事实上,早在 1946 年,王化云就作为冀鲁豫区黄河水利委员会主任,冒着敌人的炮火,带领解放区人民,开始了黄河治理的伟大事业。到 1992 年他逝世止的 40 余年间,他的足迹遍及大河上下,成为当代著名的治黄专家,为黄河的治理与开发事业,鞠躬尽瘁,奉献了毕生精力。1949 年,王化云第一次把变害为利作为解决黄河问题的总目标提出来,受到广泛关注;后又相继提出了“除害兴利,综合利用”、“宽河固堤”、“蓄水拦沙”、“上拦下排”等一系列治黄方略和措施。

1955 年第一届全国人大第二次会议通过的黄河流域规划，就充分体现了他“除害兴利、蓄水拦沙”的治河思想。特别是 1958 年夏天，黄河上出现了有实测记录以来最大的洪水，当时形势十分严峻，中央防总和黄河防总的参谋机构面临着一项重大抉择：是否分洪。如若分洪则损失很大，若不分洪，一旦大堤决口，则后果不堪设想。王化云沉着冷静，在听取各方面意见和客观分析各种情况的基础上，果断地提出了不分洪、保安全、党政军民齐动员战胜洪水的建议，得到了周恩来总理的批准。最后，经过 200 万军民的艰苦拼搏，取得了这次防洪的伟大胜利，避免了利用滞洪区分洪滞洪的重大损失。

㊿黄河可供给我们使用的水量究竟有多少?

黄河流域内九省区的工业、农业和城市等的用水均依赖黄河供给，下游冀津两地也需黄河水量补充，据上述十省(区)一市的估计，到 2000 年共需黄河提供 740 多亿立方米的水量。

但是黄河多年平均天然径流量为 580 亿立方米，同时黄河是一条多泥沙河流，黄河下游河道必不可少地需要一部分水量将泥沙输送入海，同时黄河河口地区还需要经常维持适当流量以满足渔业用水。扣除了上述这些环境、生态必需的水量之后，黄河可提供给两岸国民经济的用水量是 370 亿立方米。这是黄河水利委员会在多年调查研究的基础上提出的可供水量。黄委会还根据十省(区)一市的国民经济发展状况拟出分配给上述省、市、区 2 000 年耗用黄河水的控制数量，国务院原则同意这一控制分配方案，并以国办发(1987)61 号文发送有关省、市、区。

⑤①有人把黄河比喻为“流动的黄土地”，你知道黄河每年向大海输沙需要用多少水吗？

黄河是一条多泥沙河流，下游河道逐年淤积抬高，造成洪水威胁，因而必须保持一定的河川径流量输沙入海，才不致加剧下游河道的淤高。要维持现状河道淤积水平，应保持年入海水量 200 多亿立方米。

⑤②“八水绕长安”的古都西安，为什么会出现地面沉降和裂缝？

坐落在渭河平原上的著名古都西安，是历来被称为“八水绕长安”的风水宝地。但由于干旱少雨等原因，至今环绕西安的八条河流有的早已断流，有的只有雨季可勉强称得上是条河，只剩下一条沣河还长年流淌。多年来西安市的供水只能依靠遍布全市的一千多眼水井开采地下水。由于日采地下水早已超过合理开采量的两倍以上，从 60 年代初地面就开始沉降。现仍以每年约 34 毫米的速度继续沉降，致使市中心的钟楼基座开裂，驰名中外的大雁塔至今已下沉 1.3 米，塔体向西北倾斜了近 1 米，成为中国的“比萨斜塔”。更严重的是，市内地面出现 10 条裂缝，使有些煤气管道爆裂，房屋建筑遭到破坏，人民生活受到很大威胁。1996 年 5 月 30 日，由石头河水库向西安供水工程全线贯通，成为西安的稳定可靠的新水源，才使西安缺水危机得以缓解。将来，引黑河水送西安的工程完全实现后，西安缺水状况可以得到解决。

⑬黄河边的中原商城郑州，为什么会成为全国严重缺水的城市之一？

历史上，郑州曾有过水源富足的骄傲。黄河、贾鲁河、熊耳河和金水河皆从郑州周边和城内蜿蜒而过。但随着自然环境、气候的变化，加上工农业发展向各河引水以及环境污染等种种人为因素，昔日流淌不尽的贾鲁河、熊耳河和金水河先后断流或近乎干竭。自70年代以来，中原商城郑州的城市用水基本上靠黄河过境水。

然而，从1972年以来，黄河下游连续出现断流，至1997年的26年中有19年出现断流，郑州虽未断流，但水量不多，大型提灌站的吸水管道从几近干枯的黄河河道中已提不出多少水。郑州全城水荒，时有大面积缺水、停水、水压不足等情况发生。黄河给主要靠黄河供水的郑州亮出了黄牌。

据预测，郑州市日用水量到2000年将增至136万立方米，届时，全市日供水将有60万立方米的大缺口。严峻的现实，使郑州排在了全国108个严重缺水城市的前列。

⑭黄河流域严重缺水的城市有多少？你能举出几个例子吗？

我国的城市规模以城市市区（不包括市辖县）的非农业人口总数为衡量标准：100万人口以上为特大城市，50万人口～100万人口为大城市，20万人口～50万人口为中等城市，20万人口以下为小城市。黄河流域城市如仅指黄河流域界内的，而不包括沿黄各省区主要城市的话，那么郑州、济南、开封等城市虽濒临黄河，却不在此列。黄河流域界内城市共49座，其中中等城市以上的共17座。特大城市有西安、太原、兰州3座，大城市有包头、洛阳、呼和浩特、西宁4座，中等城市有银川、咸阳、泰安、宝鸡、铜川、乌海、石嘴山、天水、白银、晋城、三门峡共11座。除兰州、西宁两市之外，其余16市均为缺水城市。其中包头、宝鸡、呼和浩特、咸阳、铜川、洛阳6市为严重缺水城市；西安、太原、泰安、晋城4市为极严重缺水城市。

例如太原市，虽然连年超量开采地下水，但供水仍不能满足城市用水需求，地下水位正以平均每年2.89米的速度下降，并出现地面沉陷，该市吴家堡区地面已下沉了1.2米。

呼和浩特市以地下水为供水水源，平均日超采13.8万立方米仍缺水。新建的呼和浩特市炼油厂和内蒙古化肥厂因缺乏引黄供水工程，工厂投产后采用地下水，使邻近地区地下水位以每年3米～4米的速度下降，周围农用机电井全部报废，900亩耕地由水浇地变为旱地。

银川市新市区因以地下水为供水水源，井群每平方公里已达千眼，使地下水位从1981年起以平均每年1.79米的速度下降，并且出现了出水量衰减和水质恶化等环境地质问题。

㊺你能用简单数字说明我国及黄河流域的缺水情况吗？

1997年初，联合国关于“对世界淡水资源的全面评价”报告中发出警报：缺水问题将严重制约下世纪经济和社会发展。我国已被联合国列为世界上13个贫水国家之一。我国人均水资源只有世界平均水平的1/4。而地处我国西北、华北地区的黄河流域水资源更为贫乏，人均水资源量为全国的1/4一，耕地平均水资源量为全国的1/6。

56黄河断流在历史上出现过吗？黄河断流最早出现在哪年哪月？进入 90 年代，黄河有多少年出现断流？

黄河断流目前实际是指黄河下游断流。自 1855 年至 1972 年，黄河下游除 1960 年因三门峡工程截流及凌汛期间蓄水发生过人为断流外，并未发生过自然断流现象。即使在 1922 年～1932 年持续大旱的年份，下游河道仍有水流。

1972 年 4 月 23 日，黄河下游利津河段首次出现断流。

进入 90 年代以来，从 1991 年至 1998 年，黄河下游年年都出现断流。

571997 年黄河断流出现了哪些历史之最？

(1)断流时间最早：2 月 7 日利津水文站就出现断流；

(2)断流河段最长：断流从河口上延至开封柳园口，河段长 700 余公里；

(3)断流频次最高：利津水文站全年累计断流 13 次；

(4)断流天数最多：利津水文站断流共计 226 天，河口有 295 天无水入海；

(5)断流月份最多：达 11 个月；

(6)断流首次在汛期出现：在 9 月份黄河秋汛期首次出现断流。接着又在 11 月出现断流。

(7)首次跨年度断流：1997 年底至 1998 年初跨年度断流。

58黄河为什么会出现断流？你能说出几个主要原因吗？

黄河出现断流主要有以下几个原因：

(1)黄河流域水资源贫乏，不能满足日益增长的用水需要。黄河多年平均天然径流量只占全国径流量的2%；流域内人均水量只占全国人均水量的25%；每公顷耕地平均水量只占全国耕地平均水量的17%。而黄河供水地区工农业生产和城乡生活用水耗水量剧增，90年代比50年代增加1.6倍；下游增加迅猛，为4.7倍；农业灌溉用水最多，增加了6.4倍。

(2)近期降雨、径流量减少。根据实测降水资料统计，90年代以来黄河流域年均降水量均低于多年平均降水量。

由于中游地区降水少、工农业用水增加和水土保持减水，造成黄河径流量减少，郑州花园口站90年代比50年代年平均水量减少达194.5亿立方米。而黄河下游用水增加十分迅速，花园口以下年平均增加用水109.6亿立方米。

(3)中游黄河干流缺乏调蓄能力。黄河干流已建成的8座水利枢纽，只有龙羊峡、刘家峡、三门峡具有较大调蓄能力。对于下游，三门峡水库由于库区泥沙淤积和潼关河床高程的限制，水库调蓄能力较小，远不能满足下游用水需要。

(4)没有统一的黄河水资源调度、管理体制。目前黄河已建的干流骨干工程和大型灌区的运用管理，都分别隶属于不同部门和地区，很难做到全河统筹，上中下游兼顾。一旦遇到枯水年份和季节，沿河引水工程都抢着引水，加剧了黄河水资源的供水紧张局面，同时也造成了水资源的浪费。

59 黄河现有水资源利用有无潜力可挖？一些地区和灌区有无引水过量的问题？你能举几个例子吗？

黄河一些地区和灌区用水有潜力可挖。比如根据1988年～1992年资料，上游地区人口不足全流域的10%，而年平均引水却占流域河川径流量的34%。引黄灌区亩均灌溉水量有些高达全国亩均灌溉水量的1.5倍,最高竟达3.2倍。特别是4月份~7月份之间,兰州以上汛期蓄水的70%~80%都被引走,而这一部分正是下游的主要水源。这种过量灌溉不仅造成水资源的严重浪费,还使大面积耕地盐碱化。这种局面已到了非改变不可的时候了。

⑥⓪"悬河中的悬河"是怎么回事?

黄河下游河床,由于泥沙淤积,不断抬高,形成了著名的地上悬河。1958年后,黄河下游两岸滩区群众"与河争地",在黄河大堤间高出堤外地面的悬河滩地上,普遍建了生产堤,这就缩窄了河道行洪的宽度,减少了洪水漫滩几率,使泥沙大部分淤积在生产堤之间的河槽内。于是,两生产堤之间的河床高于生产堤外的滩地,生产堤外滩地又高于大堤外地面,形成了二级悬河,也就是"悬河中的悬河"。

⑥①黄河上、中游已经修建了不少水库,为什么对下游用水还会"远水解不了近渴"?

黄河干流已建成的8个梯级水利枢纽,有较大调蓄能力的只有龙羊峡、刘家峡、三门峡3座。龙羊峡、刘家峡均在黄河上游,在农业灌溉高峰期的3月份~6月份,下泄水量只能在一定程度保证上游宁夏、内蒙古农业灌溉用水,而对中下游已没有多大影响,所以"远水解不了近渴"。中游的三门峡水库因泥沙淤积严重,调蓄能力很低,非干旱年份也仅可能灌溉三门峡以下灌溉面积的15%~20%,对于下游盼水的广大城乡,也同样是"远水解不了近渴"。

⑥②你能举例说明黄河断流给两岸工农业生产造成的损失吗?

黄河下游豫、鲁两省沿黄地区春灌用水高峰期连年干旱少雨,加上黄河下游又连年枯水断流,致使沿黄灌区大面积农田不能及时播种、浇灌,农业减产、绝收,损失严重。自1972年至1996年,下游灌区农业累计受旱面积达469.47万公顷,减产粮食98.6亿公斤,直接经济损失122亿元。断流越严重,减产越严重。进入90年代(截至1996年),年年断流,累计受旱面积374万公顷,减产粮食78.6亿公斤,直接经济损失96.6亿元,年均损失16亿元。

黄河下游断流,使沿黄城镇企业和油田生产减产、停产,造成很大的经济损失,严重制约着下游沿黄地区的经济发展。据有关方面统计,黄河下游城镇工业(含油田)因断流缺水造成的直接经济损失,70年代年均损失1.8亿元,80年代年均损失2.2亿元,90年代年均损失20亿元。为尽力保障人民生活用水,东营市、滨州市等地被迫停止工业供水,使大部分企业处于停产半停产状态,胜利油田也被迫压缩生产用水,致使油田减产。

⑥③水是生命之源,你知道黄河断流对下游沿黄城乡人民的生活造成了怎样的影响吗?

黄河断流严重影响了下游沿黄城乡人民的正常生活。1992年黄河下游断流,位于河口地区的东营市、滨州市和胜利油田的生活供水几乎断绝,7月8日东营市在停止生产用水的情况下,全部饮用水仅能维持7天,人、畜饮水发生严重困难。1995年由于断流持续时间较长,下游沿黄城乡出现了空前的供水危机:滨州市10万人的生活用水依赖黄河,当地400万立方米容量的水库,蓄满后可供全市居民用水2个多月。由于当年黄河断流时间达122

天，水库无法补给水源，滨州市出现严重的水荒。为保证居民生活用水，全市工业供水从 6 月 12 日全部停止，大部分工厂企业处于停产、半停产状态。即使这样，居民生活用水也比往常压缩一半以上，楼房上不去水，居民每天到公共水龙头前排队等水。济南市水厂也因黄河断流停产 3 个月，使市区居民生活用水受到很大影响。德州市为了渡过水荒，市区被迫两次减量供水，日供水由 12 万吨压缩到 5 万吨。东营市和胜利油田虽有较强的蓄水能力(4.85 亿立方米)，由于断流时间长，水库蓄水得不到补充，居民生活用水仍十分紧张，河口油田区每天供水仅 6 小时，为保证居民生活用水，油田被迫减少注入油井的生产用水。领导接待日，群众提出的突出问题就是供水问题，最让领导头痛的也是供水问题。

64 黄河水是胜利油田生产生活用水唯一的淡水资源，你知道开采出 1 吨石油需要补充多少吨淡水吗?

石油开采有自己独特的生产规律和科学要求，我们从地下开采出石油的同时，必须再向地下注入相当数量的淡水，才能维持有严格科学根据的各种均衡。胜利油田每开采出 1 吨石油，就需要注入 50 吨淡水。所以，胜利油田的负责人说:农民抽水浇地是以油换水，我们是以水换油。

65 胜利油田的 40 万职工都知道这句话:“黄河水，生命线，天鹅湖，供血站”，你知道这话从何而来吗?

绵延百里的石油城，飞速崛起的东营市，却像是黄河口的一大块海上浮土，无论你掘地多少尺，舀出的都是苦涩的海水，既不能吃，也不能用。所以，没有黄河水就没有胜利油田，就没有东营市。

黄河水是胜利油田的生命线。可是,从70年代以来,大河却常常断流,河水一断,胜利油田的生产生活就立即全线吃紧。于是,为了保证油田的“血脉”不断,胜利油田被逼出了自己的办法——建立一系列蓄水调水的淡水水库。从200万立方米的小库到1亿立方米的大库,黄河三角洲平原上大大小小的水库已达上百座,其中以胜利油田投资兴建的18座水库库容最大,质量最高,蓄水总量达到2亿立方米,引水输水干渠近300公里,不仅为满足油田生产生活用水显示了很大作用,而且引来了几十万只海鸟、候鸟和大批美丽的天鹅。人们把这些水库美名为天鹅湖。

⑥⑥黄河上为什么会有“大水出好河”的说法?黄河断流对河道淤积和防洪有什么危害?

一般情况下,黄河出现大流量时,一是能挟带大量的泥沙,甚至连河床原来已淤积的泥沙也能冲走;二是流量大时河水走直道,多走中泓,使河道顺直。如果黄河水少,例如在3 000立方米每秒以下,这此小流量挟沙能力低,河道蜿蜒曲折,淤积摆动比较严重,故有“大水出好河”的说法。因此,黄河断流会使黄河丧失冲刷河槽与排沙入海的能力,会加快主槽的淤积、抬升。

⑥⑦什么是水体自净作用?黄河断流为什么会使黄河水质恶化?

受污染的水体经过水体本身的物理、化学与生物作用,使污染物浓度降低,并恢复到污染前的水平,这一过程称为水体的自净过程。

而黄河断流过程中,在黄河水量日趋减少的情况下,排入黄河的废污水量却在不断增加,使黄河本身的自净能力降低。1993 年黄河流域的城镇废水排放量比 80 年代初增加了 63%,黄河干流的污染物浓度增加了 2 倍～3 倍,原来水质尚好的潼关、花园口等河段已很难满足城市供水的水质要求。

近年来,黄河下游的鱼类种群数量急剧减少,已经到了濒临灭绝的边缘,也与黄河断流和水质恶化有关。

⑥⑧黄河年年输沙造陆,形成了美丽富饶的黄河三角洲,你能举例说明黄河断流会使三角洲的生态恶化吗?

黄河三角洲农业开发区是我国计划新建的五大粮仓之一,也是《中国生物多样性保护行动计划》中确定的具有国际意义的湿地、水域生态系统和海洋海岸生态系统的重要保护区。由于黄河断流历时加长及水沙来量减少,影响该区域的农业开发,加大了海潮侵袭和盐碱化,使三角洲的草甸植物向盐生植被退化,对草地生态极为不利,并有可能引起近海水域生物资源的衰减及种群结构的变化。

⑥⑨针对黄河断流,国家已经采取了哪些措施?进一步还应采取哪些主要对策?

黄河下游断流状况的日趋严重,已引起中央领导、水利部和有关部门的高度重视。为了减少断流的影响和损失,国家防总在 1992 年 7 月发出了《关于缓解黄河下游生活用水的紧急通知》,要求沿黄各地严格限制引黄用水,刘家峡水库加大泄量支援河口地区抗旱。1996 年 3 月,黄河防总报请国家防总批准,下达了从刘家峡水库调水的指令,黄委会派出工作组到沿黄主要用水地区进行监督检查。由于沿黄各省区及西北电管局等有关部门的大力支持,此次调水4亿立方米获得圆满成功。同年6月下旬,黄河防总对河南省引黄水量采取了限制措施,山东省也采取轮灌和分段供水措施向河口送水。为了缓解下游用水紧张局面,黄委会精心调度三门峡水库下泄水量,并对黄河下游涵闸的引水加强管理,编制引黄水量分配计划,建立引黄水量上报制度和用水管理责任制。1997年山东省人民政府办公厅向本省沿黄地市发出关于加强全省引黄供水调度工作的紧急通知,要求沿黄有关地市引黄流量严格按分配指标控制,以便向严重干旱的滨州、东营两市调水。这些措施,虽对减缓黄河下游引黄供水紧张状况、减少黄河断流造成的损失起到了一定的作用,但是要缓解黄河下游断流,还需采取以下措施:

(1)加强黄河水资源的统一管理与调度;

(2)增加黄河中游干流的调蓄能力;

(3)采取得力措施,切实搞好工业、农业和城市的节约用水;

(4)井渠双灌,合理开发利用地下水;

(5)加强科学研究,加快南水北调建设步伐。

⑦⓪为什么说搞好节约用水,首先必须推广节水灌溉农业?

黄河供水的最大用水户是沿黄地区的农业灌溉,用水量占全部耗水量的92%。

但是,黄河流域许多灌区是在50年代~70年代修建的,由于各种原因灌区工程建设标准低、配套程度差、渠道衬砌少、灌溉方式简单落后、耗水定额普遍偏高。目前,黄河上游和下游不少引黄灌区配套面积还达不到设计灌溉面积的20%;有些灌区只有骨干输水工程而没有分支工程;甚至有些灌区干渠上的关键建筑物尚不齐全。现在多数灌区工程已运用30年以上,工程老化、失修严重。据调查,黄河大型灌区各类建筑物老损率为28%~42%,渠道老损率为38%~70%。多数灌区管理粗放,水资源有效利用率低,水量浪费严重,有的灌区每公顷毛灌溉用水量高达10 500立方米,而一些节水型灌区每公顷毛用水量只有3 000立方米左右,可见节水潜力很大。为了充分利用有限的黄河水资源,减少水资源的浪费,首先,必须多层次多渠道增加对引黄灌区节水改造建设的投入,国家、省区及用水户都要加大投资力度,加快灌区节水技术改造和配套建设步伐,建立节水型灌溉农业。

71国外节水灌溉农业有哪些成功的办法?你能举例说明吗?

节水灌溉方式很多,有畦灌、沟灌、喷灌、滴灌和渗灌(即渗水灌溉)等。以色列国土面积狭小,沙漠和半沙漠地区占了相当大的比例,水资源非常匮乏。为此该国经过20年的努力,研制出世界上最先进的节水灌溉技术和设备。目前,喷灌和滴灌技术已分别应用于全国种植面积的25%和75%。农田和草坪一般使用喷灌和滴灌,且高度自动化,全部由电脑控制,每台中心电脑控制周围几十公顷甚至几百公顷的土地。喷灌和滴灌的应用极大地提高了水资源的利用率,使每公顷土地的灌溉用水量减少了1/3。而且,以色列全国70%的污水经过处理用于农业灌溉。在上述各种节水灌溉方式中,现代渗灌最为科学和先进。渗灌就是通过埋在作物主要根系活动层的灌水器(渗管),直接向作物根部供应水分、空气和液体肥料,属微量灌溉的范畴。

现代渗灌系统由水源、控制首部、输水管网、区域控制装置和渗灌灌水器(渗管)5大部分组成,自1980年以来,许多国家采用金属管、塑料管、橡胶管，在管壁上打眼，作为渗透水眼，同时对水质进行技术处理。但实践证明，人工打眼灌水器有一个共同缺点：泥土和植物根须很容易把水眼堵死，影响使用。1980年初，美国格亚公司率先用废旧橡胶和普通塑料树脂等，经过科学配方和特殊加工工艺，生产出一种特制的橡胶渗水管，在其管壁上布满很多用肉眼看不见的细小弯曲的透水微孔，在很小压力下水便从微孔中渗出。由于土壤本身有毛细管的作用，渗管周围相当远的土壤都处于潮湿状态，以保证植物生长的水分。现代渗灌所用水在渗灌装置系统中已经过滤，因此在渗灌管内外已没有任何杂质可以堵塞微孔。

据测定，现代渗灌要比喷灌节水40%，比地面灌溉节水50%～80%；渗灌能耗比畦灌要节约70%～80%，比喷灌节约60%～83%。此外渗灌能保持地温，比一般对照地高2℃左右，有利于植物过冬和早熟；还能保持地表和空间干燥，温度低，可防止病虫害，避免使用农药，并提高作物产量。据日本等国家使用证明，渗管使用寿命长，起码可以使用十几年以上，这就更能发挥它的长期综合效益。

⑫黄河水算不算商品？就目前的水价而言，你知道1 000立方米黄河水能换来几瓶矿泉水吗？

长期以来，受计划经济和传统思想的影响，水利工程水价被排斥在国家商品价格体系以外。用水不花钱，用水少花钱，在一些人的思想中根深蒂固。改革开放以后，特别是社会主义市场经济的建立和不断完善，水的商品属性逐步得到社会各界的认可，供水水价不同程度地有了提高。但从全行业来看，这仅是个开端，拿占全国水利工程供水总量85%以上的农业供水来讲，水费标准只相当于成本价的1/4。

黄河下游引黄渠首水费标准更低,每立方米只收3厘～5厘钱,按1瓶矿泉水3元计,1 000立方米黄河水只能换1瓶矿泉水。

73水作为一种宝贵的资源,随便取来就用的局面该不该结束?你能从市场经济的角度,谈谈提高水价的必要性吗?

缺水问题将会成为制约下个世纪世界经济和社会发展的重要因素。水作为一种宝贵而有限的资源,随便取来就用的局面早该结束了。从市场经济的角度出发,改变这种局面最有效的办法就是提高水价,因为水价过低已经带来了以下严重的后果:

(1)造成用水极大浪费。黄河流域有100万亩以上的特大型灌区有17处,农业灌溉供水的有效利用率很低,一般只有30%～50%,许多农村和灌区还是大水漫灌。工业用水的重复利用率一般只有30%左右。城镇生活供水普遍缺乏节水措施,"跑冒滴漏"更是司空见惯。

从沿黄各省、自治区现行的黄河供水收费标准来看,农业用水每立方米一般只收几分钱,向工业和城市生活供水一般只收1角多钱,下游引黄渠首水费标准更低,每立方米水只收3厘～5厘。水利工程供水的低水费政策,在市场经济体制下造成了严重后果。由于用水多少与用户的经济利益关系不大,用户节水的收益也很小,多用水比搞节水措施的投资费用更为节约,这实际上是鼓励浪费用水。

(2)水源水质污染严重。从经济政策上看,供水水费过低,水费在企业生产成本中占的比重很小,不利于重视节水,不利于抓污水处理和循环使用,不利于制止水源的污染和破坏。

(3)水利工程日趋老化,带病运行。由于水利工程供水水价太低，亏本包供，甚至变为无偿供水，工程维修单靠上级拨款，使维修及设备更新难以进行，造成工程老化，效益衰减，带病运行，甚至因小不治而酿成大患，给供水工程带来重大损失。

(4)导致地面下沉，河水断流等环境问题。由于缺水给工农业造成停产无收，给人民生活带来病害威胁，进而过度开采地下水，又造成井泉干枯、机井报废、河水断流、地面裂陷等环境问题。致使不少水利工程失去效用，工农业用水及人畜饮水面临新的困境。特别是对我国北方干旱和半干旱地区经济发展和生态环境带来难以估量的严重危害。

因此，要尽快实行水资源有偿使用制度，依法征收黄河水资源费，促进黄河水资源合理配置和节约用水。要真正把水作为商品对待，合理调整水价，按市场经济规律进行调节，实行浮动价格，枯水高价，丰水低价，超计划用水加价。只有这样才能唤起全社会对节水的关注，达到节约用水的目的。

74 利用井渠结合进一步开发利用地下水，能缓解黄河断流造成的水荒吗？

黄河下游引黄灌区总土地面积8.16万平方公里，涉及豫、鲁两省的85个市县。据地矿部门的成果分析，这一地区地下水资源丰富，可开采的地下水资源量为101.2亿立方米，其中河南省为40.4亿立方米，山东省为60.8亿立方米。但是由于引黄水价太低及引黄用水比较方便，目前地下水的开采利用很不充分，很不平衡。在引黄灌区的上游(靠近黄河部分)一般都很少开采利用，只是在灌区的下游边远地区，供水没有保证才开采利用地下水，局部地区还开采过度，形成地下水漏斗。要提高地下水开采利用率，改变地下水资源开采利用的不合理、不平衡状况，最有效的办法是采取井渠双灌。40余年引黄灌溉的实践反复证明,井渠双灌,地表水和地下水并用,是治理旱涝盐碱,保证农作物稳产高产的有效措施。为了充分合理利用地下水,各地应采取切实可行措施,制定各种鼓励开发利用地下水的优惠政策,大力开发井渠双灌,减缓下游引黄用水的紧张状况。

75 母亲河的乳汁为什么变了味?你能举例说明黄河水污染的情况吗?

80年代以来,黄河流域人口的大量增加,工业迅速发展,尤其是城市人口和乡镇工业的高速增长,在促进社会繁荣的同时,也把水环境污染推到了始料不及的地步。

根据近年来的水质监测资料及部分调查材料举例如下:

——按照现行国家地面水环境质量标准,采用单项污染因子法,对黄河干支流12 550公里河长进行评价。结果是:优良水质河长占评价总河长的13.9%,水质尚好的河长占17.2%,水质较差的可用于一般工业用水的占34.1%,水质很差仅可用于农业用水的占16.1%,劣质水基本失去水体功能的占18.7%。后三项水质较差、很差及劣质水共占评价河长近70%。

——从对黄河上中游的16条支流入黄口水质评价结果看,水质很差(Ⅴ类水)及劣质水占43.8%。

——黄河上游兰州河段的石油类污染严重,水质长年处于"水质较差"类。

还有诸如:

——黄河上游的甘肃省白银地区居民饮用了受污染的黄河水后,癌症和畸形儿的发病率骤然上升。

——河南省巩义市李绍村处在伊洛河口,村民饮用了受乡办企业H酸厂(化工产品)污染的黄河水后,连续死亡多人。

——地处黄河下游的河南省新乡市四十多万人因为黄河水污染,不得不饮用已严重超采的地下水。

——1986年,由于蟒河水严重污染,用河水浇地后使河南省济源市上千亩农作物减产或绝收,群众强烈不满,污染厂家不得不向受害人赔偿16.5万元。

这一起起惊人的事件在向我们示警:黄河被污染了!

⑯母亲河被污染的主要原因有哪些?

造成黄河流域水环境污染的原因是多方面的,归纳起来大致有下述几个方面。

(1)流域内一些大中城市均傍河而立,一些大的工矿企业也多分布在河流沿岸。90年代初,流域内城镇人口2 000万,其中2/3以上集中在这些城市和工矿区。它们多以河水为供水水源,同时又将废污水、废弃物排入河道或沿岸堆放,势必对河流水环境造成巨大危害。而黄河流域的水资源又十分匮乏,时空分布很不均匀,水环境容量非常有限,极易遭受污染破坏。

(2)流域内工业生产技术落后,管理水平低,原材料消耗大,万元产值废污水排放量80年代平均为430吨以上,90年代初虽有较大幅度下降,但按1980年可比价格计算仍在220吨左右,比同期全国平均水平值约高出1/3。同时,废污水处理率不高,80年代初不足20%,目前还不到50%,均低于同期全国平均水平。这就加重了水环境的点源污染。

(3)农业生产方面,农药、化肥施用量过大,加之流域内土壤疏松,水土流失严重,随暴雨径流进入河流的泥沙,往往携带大量氮、磷元素,影响河流水质,这就是通常所说的面源污染。

(4)黄河天然径流量利用率居全国较高水平,但河川径流的调蓄能力还比较低。按照治理水污染的要求,兰州河段的最小流量应不低于 400m^3/s,包头河段应不低于 200m^3/s,花园口河段应不低于 250m^3/s,可是仅靠现有的龙羊峡、刘家峡、三门峡等水库的调控能力是难以满足的。

(5)与全国相比,黄河流域属贫困地区,经济发展水平不高,1990 年流域内人均工农业产值 2 310 元,比全国人均 2 763 元低 16.4%。目前仍有部分地区连温饱问题还没有根本解决。在此情况下,要想投入较多资金治理环境污染,显然是有很大困难的。

(6)流域内乡镇企业发展迅猛。据不完全统计,90 年代初,全流域乡镇企业已逾 130 万家,其中半数以上在河南省境,且集中分布于三门峡至花园口区间,年产值约 450 亿元,废污水排放量 8 亿吨左右,约占流域工业总产值和工业废水排放量的 1/4。这些企业厂点分散,治污能力差,往往是无组织排放,甚至用渗井、渗坑等方式将废污水注入地下,污染地下水,危害生态环境。

(7)在社会、经济发展模式上,人们还缺乏协调发展意识,往往以牺牲环境为代价,换取社会、经济的发展。加之受资源、生态、环境无价论的影响,促使人们任意取用和浪费自然资源。特别是在水资源问题上,借误地认为是“取之不尽,用之不竭”的。因此,在农业生产中采用大水漫灌,工业生产过程中大量耗用新鲜水,重复利用率很低,浪费惊人,这就加剧了水资源的供需矛盾和水环境的恶化。

(8)在宏观管理上,流域机构的法律地位和职责范围不明确,在处理有关流域水资源保护实质性问题时,又多以“协同”、“参与”、“配合”等角色出现,对全流域的水资源保护工作缺乏强有力的监督管理。

77 黄河水污染使生态环境恶化,生物种群多样性丧失。你知道黄河原有鱼类多少种?目前有多少种已绝迹?你能说出几种已经绝迹的黄河鱼类吗?

据不完全统计,黄河原有鱼类150多种,年捕捞量70余万公斤,目前1/3种群已绝迹,捕捞量下降40%左右。

例如河南省境内黄河支流上的洛河鲤鱼和伊河鲂鱼,曾有"洛鲤伊鲂贵似牛羊"的美称,现已基本绝迹。

78 1995年黄河断流到济南河段,40天后来水,可为什么济南人民盼来的却是又脏又臭的黑水?

在河道断流的情况下,废污水的排放并没有停止。1995年6月下旬,断流40多天的黄河济南段盼来了一次过流的机会,然而缓缓而来的并不是人们盼望已久的甘甜黄河水,而是一股黑糊糊的污水,河面上漂浮着大量白沫和被毒死的鱼类,散发着一股刺鼻的臭气,这是由于上游河段的支流,在断流期间排放的废污水在河道中大量积存造成的后果。

不仅在济南,而且在不少干流河段,枯水季节过后的第一场洪水,往往是污染严重的河水。

79 "黄河会不会变成黑河"这种担忧是不是"杞人忧天"?

一些专家指出,黄河流域的水污染如果任其以现在的速度发展,再过不久,母亲河在不少河段将可能变成毫无用处的废水,黄河将变成"黑河"。

随着国家经济中心向中西部转移,作为我国重要的煤炭、冶金、重化工基地的黄河流域,多为耗水与排污量大的企业,万元产值废污水排放量高出全国平均水平约 30%，同时，废污水处理率还不到 50%，低于全国平均水平。

日益严重的断流和用水量剧增二者之间的矛盾，正在使水环境容量和稀释自净能力降低。1997 年花园口实测年径流量仅有 143 亿立方米，实际废污水量与径流量之比已超过了 1∶10 警界线。

法规体系不健全，执法体系不完善，执法监督的技术和措施跟不上，流域还缺乏统一管理。尽管国家已颁布了防治污染法规，但执法主体——水利系统应有的地位没有确立，同时缺乏相应的配套法规，保护几近于零。

一些在建工程与环境保护脱节也加剧着黄河污染的形势。

种种情况都说明，现在该是我们高度重视社会经济协调发展的时候了。

⑧⓪日益恶化的水环境，正在引起黄河部门及流域省区的重视，并采取了一些治理措施，你能说出几个具体措施吗？

河南省政府近两年关闭了黄河两岸 400 多家“五小”企业，并提出 1998 年～2000 年所有企业实现达标排放的要求；山西省从 1997 年开始，投资 2.5 亿元整治汾河污染，目前已初见成效；内蒙古自治区 1996 年制定了《黄河流域水污染防治条例》，把污染治理纳入法制轨道；黄河部门为保护黄河水资源作了不懈努力，建立和完善了监测站网，进行了流域水资源保护规划，对取水口与退水口水质实施了监督管理，对部分重点入河排污口进行了监督等等。

81 为防治黄河水污染，你可以提出一些建议吗？

一是要加快水资源保护的执法步伐，建立以流域为单元的水资源保护统一管理体制。有效地规范各级的保护行为，进一步明确职责、权限和执法地位。

二是要结合水政执法达标建设，健全水资源保护的执法体系，建立起协调一致的黄河水资源保护网络和一支高素质的水资源保护执法队伍。

三是在监督管理方面要加强排污和取水口的管理，严格执行国家产业政策，严禁“五小”企业发展。同时加强对水库和省界结合部水质的监督管理。

四是要建立和完善黄河水资源管理法规，严格执行国务院批准的黄河水量分配方案，充分利用水利水电工程，合理调配水量，减轻污染程度。

当然，要正本清源，恢复水体功能，必须引起从中央到地方的各级政府和全社会的高度重视，像治理淮河污染那样，通过法律和行政手段，投入大量人力物力，还黄河一条清洁的河流。

82 黄河断流与污染，事关国计民生大计，你知道什么时间，中国科学院和中国工程院的多少位院士联名向海内外炎黄子孙郑重发出呼吁吗？呼吁书的标题是什么？

1998 年年初，中国科学院和中国工程院的 163 位院士联名向海内外炎黄子孙郑重发出呼吁，呼吁书的标题是：行动起来，拯救黄河。

83呼吁书中,呼吁我们每个人为行动起来,拯救黄河都该做些什么?

163位院士发出的《行动起来,拯救黄河》的呼吁书,向炎黄子孙呼吁:

如果您是炎黄子孙,那么,请您投入到这场拯救黄河的运动中来,从自己做起,从一点一滴做起。

如果您是一位领导,那么,请您加强全局观念,发动所管辖的一切人员积极参与拯救黄河的行动,节约用水,植树种草;表扬奖励那些模范单位和个人,制止那些由于局部利益和眼前利益有损于可持续发展的一切行动。

如果您是一位编辑、记者、作家、教师、艺术家,那么,请您发挥各自特长,告诉广大公众拯救黄河的伟大意义,告诉广大公众植树种草的极端重要性,及时报道在拯救黄河中所涌现出来的先进事迹和英雄人物。

如果您是一位实业家,那么,请您在拯救黄河时尽可能提供财力、物力,以便尽快使黄河复流。

如果您是一位科技工作者,那么,请用您的智慧去研究如何解决黄河断流问题,并请尽快提出解决黄河断流和水土流失的建议或方案。

84让母亲河的乳汁丰沛而纯净,你有没有决心?

江泽民总书记在中共中央十五大政治报告中号召:"植树种草,搞好水土保持,防治荒漠化,改善生态环境。"还在一个重要批示中提出:"再造一个山川秀美的西北地区。"这是非常鼓舞人心的。

我们认为,全社会高度关注黄河,迅速解决断流问题,对整个黄河流域乃至我国的全面可持续发展，具有极其重大的战略意义。

我们认为，运用现代科学技术，经过一代人或几代人的艰苦努力，一定能够解决黄河的断流问题，解决水土流失问题，扭转黄河流域生态环境恶化的局面。

我们相信，只要每一位炎黄子孙行动起来，那么，赤地变青山之时，便是黄河流碧水之日。伟大的母亲河——黄河一定能重焕昔日光彩；那么，今天的炎黄子孙，将无愧于时代，将无愧于后人！

㊺正在修订的“黄河治理开发规划”拟定干流梯级枢纽工程是多少座？控制性骨干工程是哪些？

正在修订的“黄河治理开发规划”拟定在黄河干流龙羊峡至桃花峪河段布置 36 座梯级枢纽工程，总库容 1 007 亿立方米，发电装机容量 2 493 万千瓦，年平均发电量 862 亿千瓦时。在干流工程中，高坝大库与径流电站或壅水枢纽相间布置，形成以龙羊峡、刘家峡、大柳树、碛口、古贤、三门峡和小浪底等七大控制性骨干工程为主体的比较完整的综合利用工程体系。

主要参考文献

《黄河文化》

侯仁之主编　华艺出版社　1994 年

《黄河水利科学技术丛书》

胡一三　陈先德　席家治　赵文林　陈效国　孟庆枚等主编

黄河水利出版社　1996 年

《黄河志》(共十一卷)

黄河水利委员会黄河志总编辑室编　河南人民出版社

《黄河流域经济》

杨承训　杨庆安　庄景林主编　河南人民出版社　1995 年

《中国地理丛书·黄河》

李鸿杰　任德存　孙承恩　侯全亮编著　科学普及出版社

1992 年

《中国民俗·旅游丛书》

丘桓兴　陈喜增主编　旅游教育出版社　1995 年

《黄河水利史述要》

黄河水利委员会《黄河水利史述要》编写组编著

水利电力出版社　1984 年

《黄河的治理与开发》

黄河水利委员会治黄研究组编著　上海教育出版社

1984 年

中国科学院、中国工程院
163位院士联名呼吁——

行动起来 拯救黄河

黄河,伟大的母亲河!

她哺育了勤劳勇敢的中华民族;

她孕育了辉煌灿烂的中华文明。

她是中华民族的象征;

她是中华文明的摇篮。

每一位炎黄子孙无不为自己是黄河的儿女而引以自豪和骄傲。

一百万年以前,蓝田人曾生活在黄河之滨;著名的仰韶文化、龙山文化、大汶口文化、马家窑文化……在黄河两岸蓬勃发展起来;夏、商、周、秦、汉、唐等朝代的都城,均选建在黄河流域。正如毛泽东同志所言:“没有黄河,就没有我们这个民族啊!”

黄河,具有强大的民族凝聚力,为了中华民族的生存,为了中华文明的昌盛,为了保卫黄河,无数先烈为之抛头颅、洒热血。在那民族最危险的时刻,黄河发出愤怒的“咆哮”,一曲《黄河大合唱》,唱出了亿万炎黄子孙的心声,曾激励着成千上万的黄河儿女奔赴抗日前线。

共和国成立后,黄河为社会主义建设事业做出了巨大的贡献。

然而,令人震惊的是,今日之黄河正面临着另一种威胁——断流。自 1973 年以来,几乎连年断流,且一年比一年严重。黄河,由滔天之水变成涓涓细流,继而只留下龟裂的河床。黄河已成为一条季节河。照此下去,不久将变为内陆河。

黄河断流,意味着整个黄河流域生态环境正在继续恶化。

黄河断流,严重造成下游土地荒漠化、生物多样性丧失。

黄河断流,正直接威胁着下游经济的发展、民众的生存。

黄河断流,还将对中华文化、民族心理产生不可估量的影响。

面对这严峻的现实,所有的炎黄子孙都应进行深刻反思。毛泽东同志站在历史的高度曾明确指出:“你们可以藐视一切,但是不能藐视黄河。藐视黄河,就是藐视我们这个民族。”

黄河断流不是偶然的。解决黄河断流一定要综合治理,首先要加强对黄河水资源的统一管理,加强保护和恢复黄河全流域的植被,特别是中上游的植被。

我们认为,全社会高度关注黄河,迅速解决断流问题,对整个黄河流域乃至我国的全面可持续发展,具有极其重大的战略意义。

我们认为,运用现代科学技术,经过一代人或几代人的艰苦努力,一定能够解决黄河的断流问题,解决水土流失问题,扭转黄河流域生态环境恶化的局面。

江泽民总书记在中共十五大政治报告中号召:“植树种草,搞好水土保持,防治荒漠化,改善生态环境。”还在一个重要批示中提出:“再造一个山川秀美的西北地区。”这是非常鼓舞人心的。为此,我们作为科技工作者,出于对中华民族的无比热爱,出于对中华文明的一往深情,在此事关国计民生的大事面前,有责任向海内外所有炎黄子孙,郑重发出呼吁:行动起来,拯救黄河!

如果您是炎黄子孙,那么,请您投入到这场拯救黄河的运动中来,从自己做起,从一点一滴做起。

如果您是一位领导,那么,请您加强全局观念,发动所管辖的一切人员积极参与拯救黄河的行动，节约用水，植树种草；表扬奖励那些模范单位和个人，制止那些由于局部利益和眼前利益有损于可持续发展的一切行动。

如果您是一位编辑、记者、作家、教师、艺术家，那么，请您发挥各自特长，告诉广大公众拯救黄河的伟大意义，告诉广大公众植树种草的极端重要性，及时报道在拯救黄河中所涌现出来的先进事迹和英雄人物。

如果您是一位实业家，那么，请您在拯救黄河时尽其可能提供财力、物力，以便尽快使黄河复流。

如果您是一位科技工作者，那么，请用您的智慧去研究如何解决黄河断流问题，并请尽快提出解决黄河断流和水土流失的建议或方案。

我们相信，只要每一位炎黄子孙行动起来，那么，赤地变青山之时，便是黄河流碧水之日，伟大的母亲河——黄河一定能重焕昔日光彩；那么，今天的炎黄子孙，将无愧于时代，将无愧于后人！